JN017985

Digital Transformation

DX
失敗学

なぜ成果を生まないのか

失敗学会理事
佐伯 徹 Toru Saeki

日経BP

～ はじめに ～

　このたびは、数ある書籍の中から本書をお選びいただき、誠にありがとうございます。

　本書はDX（デジタルトランスフォーメーション）の推進を会社から指示され実施してみたが、うまくいかなかったり、指示されてプロジェクトを始めたもののうまくいくか不安にかられていたり、といった方に向けた本です。筆者が長年「失敗学」で培った経験から作成した、失敗の真因を究明するためのツール「ITプロジェクト版失敗原因マンダラ図」を使って過去の失敗例を分析し、真因を追究しています。これを使って読者自らが究明することで、次に向かって進んでいただきたいという思いで書きました。

　本書の構成としては、まず、序章でDXプロジェクトの大部分は失敗していることを可視化し、多くの企業においてDXがうまくいっていない現状をお伝えしています。DXを簡易的に確認できるチェックシートを使って、読者自ら現状を把握いただけるようにしています。次に、第1章では、多くの組織が失敗から学んでいないことを、事例を使って説明します。また、どうすれば失敗の真因にたどりつけるのか、「ITプロジェクト版失敗原因マンダラ図」を使うと何が分かるのか、自分だけでも解決に導けるのかについても解説します。

　そして、第2章ではDXに果敢に挑戦し、うまくいかなった事例を使い、「ITプロジェクト版失敗原因マンダラ図」でどのように真因の糸口を見出せるか、筆者が実際に分析を行った結果をお伝えしています。

　事象のケースとして6つのカテゴリを設定しました。まず、ケース1では、顧客拡大を狙ってセキュリティーレベルを下げたことで招いた失敗として、7pay（セブンペイ）とドコモ口座、ケース2で

は要望を柔軟に取り入れすぎたことで招いた失敗として、LINE Bankとブルースターバーガーを取り上げます。

ケース3では、パンデミックなどの経済変化を軽視したことで招いた失敗として三菱UFJフィナンシャル・グループのGO-NET、ケース4では文化の違いを軽視したことで招いた失敗としてOYO LIFEを分析します。

ケース5では技術力の過信で招いた失敗としてマウントゴックスとCoincheck、ケース6では委託先への仕様丸投げで招いた失敗として野村証券と旭川医科大学を取り上げます。ケース6の2事例については、委託先管理の失敗やパッケージソフトのカスタマイズの失敗といったことから他のDXの失敗事例とは異なっています。しかし、パッケージソフトによって早期導入を狙い失敗した点では現状のDXの失敗事例にも通じるところがあり取り上げることとしました。

最後に第3章ではDXの失敗はDXに固有のものなのか、他のITプロジェクトと同じなのかについて考察を行っています。プロジェクトを途中で振り返って失敗を未然に防ぐためのチェックシートの使い方についても解説します。また、失敗を恐れるだけで何もしないのではではなく、敏感に違和感を感じとるような社員の育成を行っている企業を紹介します。貴社での取組みへの参考にしてください。

そして、本書を読み終えた後、失敗を恐れるだけでなく、真因をつきとめ、対策を講じたうえで同じ失敗に陥ることなく進めることができるように、また、危ないことを察知する能力を持った組織を作るための「違和感を持つ力」が芽生えていることを期待しています。

失敗学会　理事

佐伯　徹

DX失敗学 —— 目次

DX失敗学 —— 目次

DXプロジェクトの
大部分は失敗している

DX（デジタルトランスフォーメーション）という言葉は一般にも広がってきたが、メディアやインターネットなどを見ていると、定義が今一つ定まっていないように筆者は感じている。そこで、本書を始めるにあたり、DXの定義や各社の取り組み状況をおさらいし、DXの実現において何が障害になっているのか、DXを進める上で組織として失敗しないようにするにはどうすればよいかを、順を追って解説していきたい。

1 ｜ DXの構造

　まずは、DXとは何かを定義していきたい。2020年12月28日に経済産業省が公開した「経済産業省_DXレポート2中間取りまとめ（概要）」が日本におけるDXの資料としては一番的確にまとまっており、それを参考にしている。まず、多くの方が知らないと思われるのは、DXには3つの段階があることだ。

デジタルトランスフォーメーション
(Digital Transformation)
組織横断/全体の業務・製造プロセスのデジタル化、
"顧客起点の価値創出"のための事業やビジネスモデルの変革

デジタライゼーション
(Digitalization)
個別の業務・製造プロセスのデジタル化

デジタイゼーション
(Digitization)
アナログ・物理データのデジタルデータ化

出典：経済産業省_DXレポート2中間取りまとめ（概要）_DXの構造

　1つ目はデジタイゼーションでアナログ・物理データのデジタルデータ化を行うことである。2つ目のデジタライゼーションは個別の業務・製造プロセスのデジタル化を行うことと定義されている。RPA（ロボティック・プロセス・オートメーション）などを使って、手作業を自動化する場合を含んでおり、多くの企業がこれに取り組んでいる。3段階目のデジタルトランスフォーメーション＝DXとは業務・製造のプロセスの変革を行うことである。そこで、本書ではDXのうち、「ビジネスモデルのデジタル化」「製品を基礎とするデジタルサービス／デジタルサービス」を中心に取り上げていくこととしたい。

　次にDXフレームワークとして、プラットフォームのデジタル化、業務のデジタル化、製品／サービスのデジタル化、ビジネスモデルのデジタル化を下図にまとめた。会社の上層部からDXで実行してほしいこととして、何を伝えられただろうか？　よくあるケースは「今の業務をデジタル化して、人手を減らして効率化してほしい」

	未着手	デジタイゼーション	デジタライゼーション	デジタルトランスフォーメーション
ビジネスモデルのデジタル化				ビジネスモデルのデジタル化
製品／サービスのデジタル化	非デジタル製品／サービス	デジタル製品	製品へのデジタルサービス付加	製品を基礎とするデジタルサービス デジタルサービス
業務のデジタル化	紙ベース・人手作業	業務／製造プロセスの電子化	業務／製造プロセスのデジタル化	顧客とのE2Eでのデジタル化
プラットフォームのデジタル化	システムなし	従来型ITプラットフォームの整備		デジタルプラットフォームの整備

出典：経済産業省_DXレポート2中間取りまとめ（概要）_DXフレームワーク

といった指令だ。それは、業務を一部自動化しているように見せるだけで、効率化にはちっとも寄与していない。それどころか、RPAを使ってしまったがために、その業務そのものがブラックボックス（何が行われているか判断できない）状態になってしまうことも多いのだ。これでは、過去から繰り返し言われている「属人化」をそのまま再現しているだけであり全く進歩がない。DXは業務そのものを、デジタルを使って見直すことが、何よりも肝要なのである。

2 | DXが進まない原因

　一般社団法人日本情報システム・ユーザー協会（JUAS）の「企業IT動向調査報告書 2022」によると企業のデジタル化予算は2016年度からほぼ横ばい状態である。ここから想像できるのはDXに取り組もうとした企業が早々に離脱しているということだ。

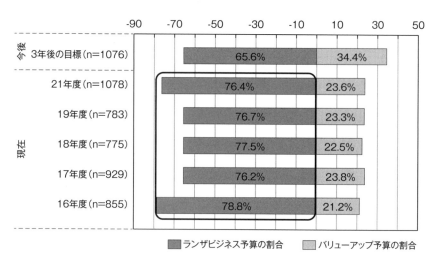

出典：JUAS：企業IT動向調査報告書 2022_IT予算配分（平均割合）

　DXを継続的に行うには、前述のように業務のプロセスから変革していく必要がある。1年などの短期間で終わることはなく、中長期にわたって改革を行い、それを維持していくことになるため、予算は右肩上がりになるはずだ。予算が横ばいということは、多くの企業はデジタイゼーションでDXをやった気になり、継続することもなく、終了してしまっているのではないかと考えている。

　DXを本気で日本で進めるのであれば、DXコーディネーターを配置すべきではないかと思う。DXコーディネーターがいれば、何をゴールにしなければならないのか、進めていくためにはどのようなスケジュールで実施するのか、予算はいくら用意しておくのかを相談できる体制が整備できる。指標が一つに定まり、企業も自分が今どの位置にいて、何が出来て、何が出来ていないかを把握できる。日本はまずは、ここからではないか。

　JUASによる「DX推進に必要な施策の実施・策定状況」を見ると、DXと叫んではいるが、企業は何を行ってよいか、＜迷子＞の状態であることがよく分かる。これでは、DX化への実際の行動を進めることができない。

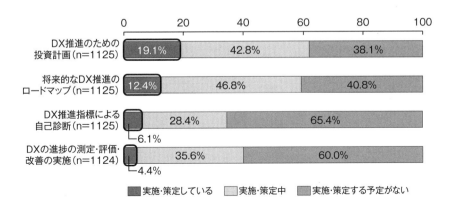

出典：JUAS：企業IT動向調査報告書2022_DX推進に必要な施策の実施・策定状況

経済産業省が2022年7月に公開した「経済産業省 DX レポート2.2（概要）」では、一部門から始めて徐々に拡大させる積み上げではDX を達成できないと伝えている。まずは、企業としてDXで何を目指すのか、そのために何を行わなければならないかを明確にした上で、デジタイゼーションすべきこと、デジタライゼーションとして実施するものを決めていく。その先に初めて、デジタルトランスフォーメーションをどう達成するのかの道筋が見えてくるのである。

　企業のトップが、DXを行わないと世間の風潮としてまずいのでポーズとして実施するのであれば、業務をかき乱し改悪となるだけだ。しかし経済産業省が2018年のレポートで提示した「2025年の崖」が伝えているとおり、人材の枯渇化が一段と進んでいる中で、DXの推進は＜待ったなし＞の状態である。全体感を捉えながらDXを進める企業が増えることを願っている。

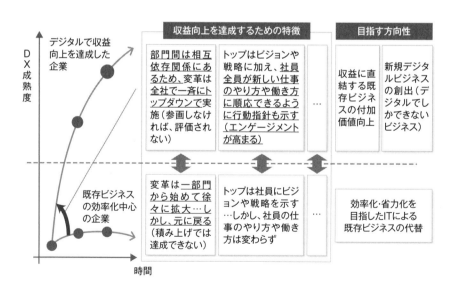

出典：経済産業省 DX レポート2.2（概要）_デジタルで収益向上を達成するための要因①

3 自社のDXの取り組みをチェックしてみよう

　それではまず、チェックリストを基にして自社のDX実施状況を
チェックしてもらいたい。これは経済産業省が2022年7月に公開し
た「経済産業省 DXレポート2.2（概要）」で収益向上を達成するた
めの要因として挙げたものを筆者がチェックシート形式に変更した
ものだ。表の左側（A）に多くのチェックが付く場合は、真のDX
を訴求できていないこととなる。「収益に直結する既存ビジネスの
付加価値向上」「新規デジタルビジネスの創出」の計画立案を経営
側に強く求めなくては、DXをうまく進めることができない。

【A効率化中心にDXを実施している企業、B: DXで収益向上を達成しようとしている企業】

A		B	
DX化にむけ個別部門から順番に実施している。	☐	DX化にむけ全社を対象にトップダウンで一斉に実施している。	☐
DX化にむけビジョンや戦略を示している。	☐	DX化にむけ判断の拠りどころとなる行動指針を示している。	☐
DX化にむけ国内の同業他社事例を活用している。	☐	DX化にむけ異業種であっても グローバルに通用するような事例を活用している。	☐
問題が発生しているときは熱くなり多くの人材が投入されるが、対応した（対応の兆しが見えた時点で熱が冷め人材が異動してしまう。	☐	顧客や市場の反応に合わせて継続して改善している。	☐
製品・サービスを中心にDX化しようと考えている。	☐	顧客行動をデータでどれだけ可視化（再現）できているかが中心。	☐
DX化には個人単位の強みに頼っている。	☐	組織や業務を横断してどれだけ 広範囲にデータが共有され、活用されている。	☐
DX化の取り組みによる自社の強みを外部に発信できていない。	☐	DX化の取り組みによる自社の強みを外部に発信している。	☐
他社サービス（特に、プラットフォーム）を競争領域としている。	☐	他社サービス（特に、プラットフォーム）を協調領域として積極活用している。	☐

出典：経済産業省DXレポート2.2（概要）_デジタルで収益向上を達成するための特徴を筆者がチェックシート形式へ変更

　また、JUASの「企業IT動向調査報告書 2022_ DX推進の取組実施状況」ではDXの成果状況（統計）が報告されており、DXは93％がまだ成果を上げていないことが分かる。DXは前述の通り、デジタル化によって業務のビジネスモデルを変革することがポイントである。例えばRPAを導入し、一部機械化（自動化）を行ったとする。業務は効率化され、一瞬の達成感は味わえるが、業務そのものが変革されていなければ、Excelマクロと同じように、作成者が異動してしまうとブラックボックス化してしまい、だれも更新で

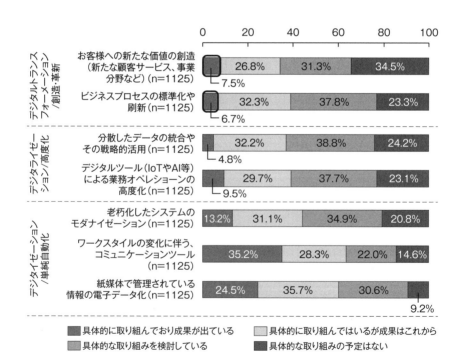

出典：JUAS：企業IT動向調査報告書 2022_ DX 推進の取組実施状況」

きなくなってしまう。また仕方なく、新しい自動化ツールを作り出すことの繰り返しである。

　失敗した企業は皆、「DXって全く意味がないよね」と言うのだろう。しかし、DXの本質はそこではない。まずは、経営者として、どこがデジタル化されると企業は活性化されていくのかを考えてもらいたい。

第1章

失敗から学ぶための
原因究明の方法

DXの失敗について述べる前に、2018年に発生した「日大アメフト事件」を振り返ってみたい。覚えている人も多いと思うが、日本大学と関西学院大学によるアメリカンフットボールの試合で、ボールを持たない関学の選手に日大の選手が背後からタックルした事件だ。審判が立ち会い、多くの観客が見守るなかで起こった反則行為だった。タックルした選手はこの試合で計3回の反則を犯し、退場処分となった。

　反則行為の動画はSNSで広がり、多くのメディアが取り上げた。「黒幕は誰か」と報道は過熱し、元監督や元コーチ、学長らが謝罪。第三者委員会が調査に乗り出す事態に発展した。第三者委員会は、悪質タックルが元監督や元コーチの指示によるものだったと結論付けた。

1 原因究明は犯人捜しとは違う

日本の組織における誤った失敗原因究明の例

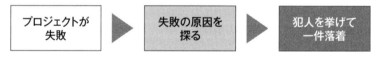

　ここで事件の真相や報告書の内容の是非を問うつもりはない。筆者が問題にしたいのは、何らかの事件やトラブルが起こった際にすぐ犯人を捜し、特定したらそれで幕引きにする風潮である。冒頭の事件に限らず、日本の企業や組織でよく見られる光景ではないだろうか。筆者が所属するIT業界も例外ではない。

　失敗の原因を究明せよ——。どの業界であっても管理職なら一度

はこの言葉を聞いたことがあるだろう。日本の企業や組織は、この要求を「失敗の犯人を突き止めろ」と解釈してしまいがちだ。

　事件やトラブルといった失敗の原因を究明するために、責任者を明確にする必要はあるだろう。だからといって失敗の原因究明＝犯人捜しだと考えるのは間違っている。犯人を特定するだけでは失敗の真因にたどり着かず、同じ失敗を繰り返す羽目になりかねない。これでは「失敗に学ばない組織」になってしまう。

　IT企業でプロジェクトマネジメントなどを務めた筆者も、以前はこの点について誤解していた。まずは失敗の本質を究明するのがなぜ難しいかについて説明しよう。

2 ｜ 原因究明の習慣がない

　世界では失敗が日常茶飯事のように発生している。システムのトラブルや稼働遅れが典型である。要件の漏れ、テスト不足、開発したプログラムのバグ、使用したソフトウエアの不具合など原因は様々だ。

　最近はシステムトラブルによる影響が広範囲に及ぶケースがよくある。とはいえ、DXをとりまくIT業界に関する失敗は人命に関わることはめったにない。この点が工場や建築現場などのケースとは異なる。これらの失敗は多くの場合、事故につながり、人命に直接関わる。国や地方自治体と業界、場合によっては近隣住民が一体となり、事故防止に積極的に取り組むのはこのためだ。

　万一事故が発生した場合、できるだけ詳しい情報を素早くまとめて発表する必要がある。早く手を打たないと、影響が広がってしまう。

　その後も事故がなぜ起こったのかを徹底的に検証する。事故につながった失敗の内容を後世に伝えるため、自社の敷地内に失敗に

至った経緯を掲示している企業もある。

　これに対し、DXをとりまくIT業界では失敗の原因を長い期間を
かけて検証する習慣があまり根付いていない。新しい技術や製品、
サービスが常に登場し続けているという事情もあり、それらを活用
して企業の業績拡大などにつなげるほうを優先する傾向が強い。

3 ┃ 報告書を見た上司が困惑

　それでも経営層は自社がDXに関わる失敗を起こすと「原因を究
明せよ」と担当者に指示を出すものだ。筆者もそうした指示を受け、
担当した受注プロジェクトで発生した失敗の原因究明を手掛けた経
験が何回もある。あるとき、様々な手法を駆使してようやく「真の
原因」を突き止め、上司に報告した。

　真因を探ると「そんな当たり前の話なのか？」との印象を受ける
ケースが少なくない。筆者の報告もそうしたたぐいの内容だった。

　報告書を見た上司は困惑し、「こんな内容で顧客企業の経営者に
報告できるか」と筆者に言った。結局、報告書を10回以上書き直
してようやく上司に受け取ってもらえた。

　報告書は原因として「DXは未知の領域が多く、今までになかっ
た事象や問題が複数発生した」「リーダーの○○氏が対処方法を誤っ
た」などを挙げていた。どれも筆者が突き止めた真の原因とは違っ
ていたが、この内容にせざるを得なかった。

　最終的に顧客企業の経営層への報告が完了したのは、プロジェク
トの終了から半年以上も後だった。失敗の記憶は風化しており、顧
客企業のトップを含めて誰も関心を示さなかった。報告書は回覧さ
れ、そのまま保管された。報告書で指摘されたリーダーは評価が下
がり、やがて異動になった。

4 | 人間は注目した箇所だけ認知する

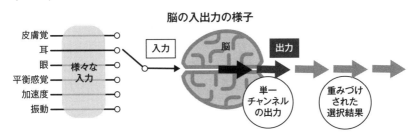

脳の入出力の様子

出典：『The Pilot's Manual PM1 Flight School』（Aviation Supplies）を基に著者が作成

　失敗の本質を見ようとせず、なぜ犯人を捜そうとするのか。この問題は意外と根が深い。人間はそもそも物事を偏って見ているからである。

　人間は基本的にシングルタスクしかできない。感覚器官は目や鼻、耳、皮膚など様々あるが、並列でできるのは簡単な処理だけだ。2人の話を同時に理解したり、本を読みながらラジオのDJの話をきちんと聞いたりするのは難しい。

　さらに感覚器官は注目した箇所だけを認知する特性を持つ。このため「視野に入っているのに見えていない」といった現象が起こる。対象に関心を持っていないために、視野に入っていても頭に入ってこないのである。

　一般に人間が最も興味を持つのは人間に関する事柄である。ゆえに事件が起こったら、まず誰が犯人かに目が向く。単一の処理しかできないので、犯人捜しに関心が向くと、それ以外の要素に目を向けなくなる。こうした人間の特性が「失敗の原因究明は犯人捜し」とする風潮につながっていると考えられる。

　世の中はメディアやSNSなどを通じて情報が氾濫している。人間は並列処理が苦手で注目したところしか認識しないという状況に

対応するには、視野の偏りをなくす行動を取るよう心掛ける必要がある。

　筆者が大学や企業などで講演する際は、できるだけ多方面から情報を得た上で、自分がどう思うのかを発言するよう呼びかけている。

5 ｜ 人間は3年たつと忘れる

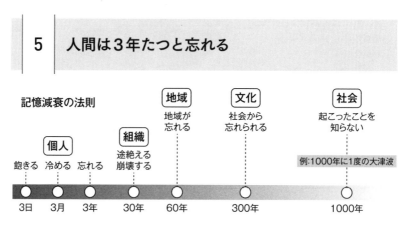

出典：畑村洋太郎『未曾有と想定外－東日本大震災に学ぶ』を基に著者が作成

　もう1つ踏まえておきたいのは、人間は忘れる生き物であるということだ。失敗学会はこの前提で、忘れないための伝承の重要性を訴えている。

　毎日、新しい出来事が起こるたびに、大きな問題でさえも古い情報として記憶の隅へ追いやられ、いずれ忘れ去られる。基本的に人間は3年で忘れていく。忘れるタイミングは早い順に個人、組織、地域、文化、社会となる。

　忘れてしまったために同じ失敗が起こった例として、2018年7月に西日本を中心に多大な被害をもたらした豪雨災害が挙げられる。同じ失敗を繰り返さないために、先人が石碑を建て警鐘を鳴らしていたにもかかわらず、同じ場所で悲劇が発生してしまった。

　失敗の原因追究は犯人捜しであるとの固定観念に引きずられ、さ

らに3年たつと忘れてしまうようでは、仮に犯人を捜し当ててその件は終わったとしても、いつかまた次の犯人捜しが始まるに違いない。これでは同じ過ちを繰り返すだけで、いつまでたっても失敗の本質にたどり着けない。

　原因を究明し公表したとしても、伝え方を誤ると情報が途絶えてしまい、同じ失敗を繰り返すことになりかねない。失敗学会は事故や失敗が風化して記憶から消えることがないよう、過去の事故をデータベースにして無料で公開している[1]。失敗の実例を基に「真の原因」を整理・究明し、カテゴリー別に示しているので参考にしてほしい。

1）https://shippai.org/fkd/

6　プロジェクトの半数は「失敗」

システム構築プロジェクトにおける要素別達成率

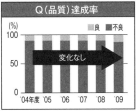

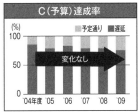

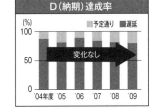

出典：JUAS「企業IT動向調査」を基に著者が作成

DXで活用するIT技法は作業をプロジェクト単位に分けて進める場合が多い。新システムの構築や既存システムの刷新が典型だ。「成功だった」と堂々と言える場合もあれば、「失敗だった」と言わざるを得ない結果に終わることもある。

　日経コンピュータが2018年3月1日号で公表したプロジェクト実態調査の結果によれば、1745件に上るシステム導入／刷新プロジェクトのうち「成功」は52.8％、「失敗」は47.2％と成功がわずかに上回った。調査ではスケジュールとコスト、満足度の3条件を満たすプロジェクトを「成功」と定義し、それ以外を「失敗」と見なした。

　調査の対象や方法、評価項目が異なるために単純な比較はできないが、2008年に日経コンピュータが実施した調査では成功率が31.1％だった。10年間でプロジェクトの成功率が高まったとの見方もできそうだが、依然として失敗の割合は大きいと言える。

　プロジェクトの成否を評価する際はQ（品質）・C（予算）・D（納期）の3項目に基づき判断する場合が多い。日経コンピュータの2018年の調査はQを満足度とした。予算に関しては、プロジェクトに投じた費用が予算通りまたは下回っていれば「成功」、予算を超えていたら「失敗」と見なした。

　日本情報システム・ユーザー協会（JUAS）は「企業IT動向調査」でQ・C・Dがどの程度達成できたかを調べている。2004年度から2009年度までの達成率は10％から20％程度で、ほとんど変化がなかった。Q・C・Dを達成した成功プロジェクトはごくわずかしか存在しなかったわけだ。

　現在も状況が大きく変わったわけではない。「企業IT動向調査2018」を見ると、500人月以上のプロジェクトの48.0％がDすなわち納期を達成できていない。先に触れた日経コンピュータの調査でも、プロジェクトの失敗理由として挙がったのは「要件定義の甘さ」

など古典的とも言える内容だった。

この10年、20年でIT業界を取り巻く環境は激変している。しかもユーザー企業やベンダーは数々のプロジェクトの失敗から学んでいるはずだ。にもかかわらず、これらの調査結果を見る限り、根本的な問題はいまだに解決していないと言わざるを得ない。ある大学院の教授は「DXを取り巻くIT業界の失敗は100年たっても変わらない」と話す。

7 │ 「失敗データベース」の落とし穴

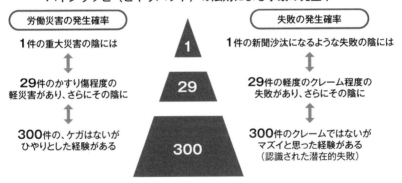

ハインリッヒ（ヒヤリハット）の法則による事故の発生率

労働災害の発生確率

1件の重大災害の陰には

29件のかすり傷程度の
軽災害があり、さらにその陰に

300件の、ケガはないが
ひやりとした経験がある

失敗の発生確率

1件の新聞沙汰になるような失敗の陰には

29件の軽度のクレーム程度の
失敗があり、さらにその陰に

300件のクレームではないが
マズイと思った経験がある
（認識された潜在的失敗）

なぜDXをとりまくIT業界はプロジェクトの失敗につながる根本的な問題を放置しているのか。筆者は「真の失敗原因」を究明できていないためだと考えている。真の失敗原因ではなく、別の要因に目を奪われている印象を受ける。「失敗データベース」は一例だ。

「社員が失敗に早く気づけるようにするにはどうすればいいか？」。筆者は経営者からこんな相談をよく受ける。経営者に現状の対策を尋ねると、返ってくるのは「失敗データベースを作ってい

る」という答えだ。

　過去のプロジェクトにおけるQ・C・Dの失敗を蓄積してデータベースを作り、社内に公開した。にもかかわらず、「データベースを社員が活用してくれない」と経営者は嘆く。

　各社が失敗データベースの作成に乗り出す背景として、米国の安全技術者ハーバート・ウィリアム・ハインリッヒが提唱した「ハインリッヒ（ヒヤリハット）の法則」が挙げられる。「1件」の重大災害の陰に「29件」のかすり傷程度の軽災害がある。さらにその陰に「300件」のケガはないがひやりとした経験がある、という内容だ。ご存じの方も多いだろう。

　失敗データベースは「1件」につながる「29件」または「300件」に関する過去の事象をまとめておく取り組みと言える。過去の事象を参考にして、未来に起こる可能性がある「1件」の大きな事故やトラブルを防ぐのが狙いだ。

　こうしたデータベース作りに意味がないと言うつもりはない。だが、そこには落とし穴がある点に注意したい。相談を受けた経営者に、筆者は以下の2点を確認している。

・異なる事象を「失敗」という1つのキーワードだけでまとめていないか？

・失敗の「真の原因」に目を向け、一つずつ究明しようとしているか？

　一口に「失敗」と言っても内容や要因は事象ごとにそれぞれ異なる。そうした違いを踏まえずに事象だけをまとめても、意味があるデータベースにはなりにくい。

　何より「まず様々な失敗の事象を集める」というのは作業の手順が間違っていると筆者は考えている。優先すべきは「真の失敗原因」の究明だ。真因が判明して初めて、起こった事象を適切に分類できる。失敗の経験を後々まで伝えられるようにもなる。まさに「急が

ば回れ」である。

8 | 失敗につながる未知の要因は5%

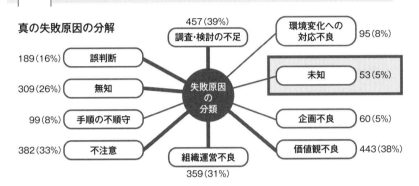

真の失敗原因の分解

457（39％）調査・検討の不足

環境変化への対応不良　95（8％）

189（16％）誤判断

309（26％）無知

99（8％）手順の不順守

382（33％）不注意

失敗原因の分類

未知　53（5％）

企画不良　60（5％）

価値観不良　443（38％）

組織運営不良 359（31％）

出典：失敗知識データベースを基に著者が作成
1167事例から原因を抽出（総数は2446、複数可）。10％を超える原因を太線で示した

　「真の失敗原因」とは何を指すのか。筆者が書いたトラブルの原因究明に関する報告書を上司が受け取らず、何度も書き直したエピソードを紹介したが、なぜ上司は「こんな内容で顧客企業の経営者に報告できるか」と筆者に言ったのか。経営者は通常、失敗の原因を「今までになかった初めての事象や問題」のせいにしたいからだ。

　失敗の原因を究明したところ、「実はごく単純な理由でした。でも解決していないので、毎回同じ失敗を繰り返しています」などと外部には言いにくい。だからベンダーや部下に対し、失敗の原因として「初めての事象や問題」を探させるのである。

　実際のところはどうか。失敗学会の調査では「失敗」のうち、今までになかった未知の事象はわずか5％にすぎない。残る95％は経営者の期待と裏腹に、過去から発生している既知の事象だった。

　筆者が経営者にこの結果を示すと「うーん」とうなって絶句して

しまう。人と時間をかけて失敗の原因究明をした結果がこれか、とぼうぜんとするのも分からなくはない。だが、まずは経営者が事実を受け入れる姿勢が肝要である。

筆者が次に経営者に伝えているのは「適切なやり方で進めれば、真の失敗原因にたどり着ける」ということだ。経営者が初めての事象や問題にこだわる背景には「真の原因が分かるはずがない」との諦めもあると思われる。

現場も同じである。プロジェクトの完了後、振り返りのミーティングで失敗の原因を究明するためにプロジェクトメンバーを招集したとする。メンバーの多くは前向きな気持ちではなく、「いまさら蒸し返さないでほしい」「そっとしておいてくれないか」といった思いが強いのではないか。筆者も以前はそうだった。

メンバーが原因究明に気乗りしないのは、真の失敗原因にたどり着けると信じていないからだ。結果的に犯人捜しになってしまい、ますます気が重くなる。犯人になりたくないのであれば「未知の事象が起こった」と報告するしかない。

こうした「どうせ真の失敗原因は分からない」という諦めは思い込みにすぎない。筆者はこの点を強調したい。どんな失敗であれ、真の原因に必ずたどり着ける。

9 なぜなぜ分析や特性要因図の課題

ただ、真の失敗原因にたどり着くには適切なやり方を選ぶ必要がある。失敗の原因を探るための手法やツールは様々だ。よく使われるのは「なぜなぜ分析」と「特性要因図」である。

なぜなぜ分析は「その事象がなぜ起こったのか？」という問いを質問者（司会者）が繰り返すことで、失敗の原因を探る手法だ。通

常は5回くらい問いを続けていくと原因にたどり着くとされる。

特性要因図は「特性（結果）」を右側に置き、左側には人やモノ、金、時間といったカテゴリーごとに「要因（原因）」を置いて線で結んでいく。この図を基に、カテゴリーごとに「どのような要因があったのか」をグループで議論する。出来上がりの姿が魚の骨のように見えるので「フィッシュボーン（魚の骨）図」とも呼ぶ。

両手法とも日本企業における採用実績が多く、使い方によっては効果が期待できる。だが、必ずしも真の失敗原因にたどり着けるとは限らない。

なぜなぜ分析は「なぜ？」を繰り返す過程で、質問者が意識的にある原因へと導いていくこともできる。特性要因図は要因を推測で選びやすい。それでも調査の裏付けがあるかのように、きれいな図を作れる。原因を探る過程で、作成者の意図が入り込む余地があるわけだ。

繰り返すが両手法とも実績は豊富であり、上手に使えば大きな効果を発揮する。ただ、真の失敗原因に到達するという目的では、これらの手法は上級者向けと言える。うまく使わないと真因に到達できず、同じ失敗を繰り返す羽目になりかねない。

10　失敗の原因を構成する要素を一覧可能に

より確実に真の失敗原因にたどり着くためのツールとして、筆者らは「ITプロジェクト版失敗原因マンダラ図」を考案した。

筆者が所属している失敗学会は、失敗の原因を構成する要素を分類して関連を階層ごとに図示した「失敗まんだら」を提唱している。仏教で悟りの世界や仏の教えを示した図絵である連関図にヒントを得て、失敗原因に関わる全ての要素や関連、位置づけを一覧できる

ようにしたものだ。

　この失敗まんだらをITプロジェクト向けに改変したのが「ITプロジェクト版失敗原因マンダラ図」だ。222件の失敗事例から54の失敗原因を抽出し、失敗原因を網羅する内容にした。

　このツールを使えば、架空の失敗原因を作り出したり犯人捜しをしたりせずに、短期間で真の失敗原因にたどり着けると筆者は確信している。実プロジェクトでの活用実績も増えている。プロジェクトマネジャーの経験に頼らず、誰でも活用できる。

　失敗の原因究明プロセスを説明する前に、そもそも失敗原因マンダラ図は何を表しているのかについて改めて触れておこう。

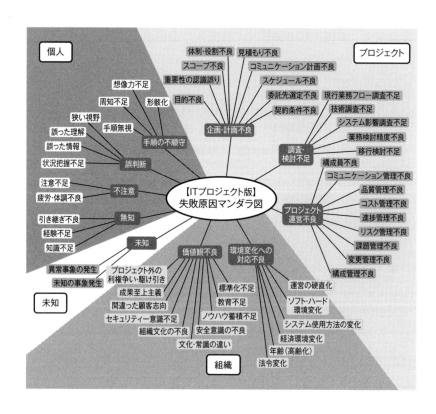

　ITプロジェクトで発生した失敗について、失敗まんだらを基に原因の構成要素と関連を一覧できるようにしたのが「ITプロジェクト版失敗原因マンダラ図」だ。全体を大きく（1）個人に関わる原因、（2）プロジェクトに関わる原因、（3）組織に関わる原因、（4）未知の原因の4種類に分けている。図の左上の領域が（1）、右上が（2）、真下が（3）、左下が（4）をそれぞれ表す。

　その上で失敗の原因を2つのレベルで表す。上位の第1レベルは以下の10項目である。

＜個人に関わる原因＞
無知：世の中に知られている解法を本人が知らない
不注意：十分配慮していれば防ぐことができる注意を怠る
誤判断：状況を正しく捉えられない、または思い違いなどで判断を誤る
手順の不順守：約束事や習慣・規則を守らない

＜プロジェクトに関わる原因＞
企画・計画不良：企画や計画そのものに問題がある
調査・検討不足：決定に至るまでの検討が不十分
プロジェクト運営不良：
　　　　プロジェクト運営の体制や手順がきちんと物事を進められる形になっていない

＜組織に関わる原因＞
環境変化への対応不良：
　　　　当初想定した条件が変化しているのに対応が不十分
価値観不良：価値観が周囲と食い違っている

<未知の原因>

未知：誰も知らない事象が発生

　「ITプロジェクト版失敗原因マンダラ図」は第1レベルの原因を詳細にした第2レベルの原因も抽象化して示している。「無知」であれば「経験不足」と「引き継ぎ不良」など、「企画・計画不良」であれば「重要性の認識誤り」と「スコープ不良」、「見積もり不良」などが第2レベルになる。具体的事象を思い浮かべる際には第2レベルの原因から想像していくことが近道であるため、第2レベルがどういう意味を持つかは下記の通りである。

<個人に関わる原因>

【第1レベル】

無知：世の中に知られている解決法を本人が知らない

【第2レベル】

知識不足：一般的な技術情報、知識として、世の中で既に確立しているにもかかわらず、本人が知らないために、判断・考慮ができないこと。「知らないし、できない」こと。

経験不足：書籍や研修などで基本的な知識は習得しているが、実業務へ適応する応用力が欠けていること。「（知識として）知ってはいるが、（スキルとして身についていないため）できない」こと。

引継ぎ不良：

交替勤務などで担当が入れ替わる際に、引き継いでおくべきこと（例：設備の異常、部署外と調整中の事項など）を忘れてしまうこと、あるいは引き継がれたことを忘れてしまうこと。

【例】JR西日本のぞみ34号重大インシデント（2017年12月）

＜個人に関わる原因＞

【第1レベル】

不注意：十分配慮していれば防ぐことができる注意を怠る

【第2レベル】

疲労・体調不良：

　　　　個人的理由・外的理由により、疲労が蓄積したり体調を
　　　　崩して注意力が散漫になったために、作業能力が低下、
　　　　あるいはミスをすること。

注意不足：本人は知識もあり、本質も理解しているにもかかわらず、
　　　　忙しさや面倒くささで、万一に備えての注意・警戒を怠
　　　　り、ミスを犯すこと。

＜個人に関わる原因＞

【第1レベル】

誤判断：状況を正しく捉えられない、または思い違いなどで判断を
　　　　誤る

【第2レベル】

状況把握不足：現在の状況・状態の把握が不足し、判断を誤ること。

誤った情報：収集した情報が適切ではなかったために、判断を誤る
　　　　こと。

誤った理解：意味・内容の解釈を誤って、判断を誤ること。

狭い視野：広い知見が必要な場合でも自己の知識だけで判断してし
　　　　まうこと。物事や起こっている事象を一面的にしか捉え
　　　　られないために、あるいは他の出来事や事象との関連が
　　　　捉えられないために、考える範囲が狭くなり、考慮する
　　　　べき要素が欠落してしまうこと。

＜個人に関わる原因＞

【第1レベル】

手順の不順守：約束事や習慣・規則を守らない

【第2レベル】

手順無視：検討や連絡などで、公式、非公式に決められた手順や方式があるにもかかわらずそれを守らず、過去の経験や勘で自分勝手に実施してしまうこと。

自身の責任と権限範囲についての認識が不足、あるいは誤っているため、上位職の判断を仰ぐべき場面にもかかわらず、根拠なく勝手な自己判断をしてしまうこと。

必ずしも個人の問題に止まらず、根っこに(別項目の)「組織文化の不良」があるケースも多い。

【例】作業標準、決裁権限基準の逸脱。安全では「止める、呼ぶ、待つ」の不順守。ルールの軽視など。

周知不足：関係者に広く知らせる必要がある情報・決まり事を知らせていないこと。

新規メンバーに対して、手順やルールを知らせていないこと。

想像力不足：

なぜこの手順が定められているか、また作業書が前提としている条件（暗黙のもを含む）を理解していないために柔軟性を欠き、想定外の事象に対処できないこと。

手順を守らなかったら（それをやらなかったら／別のことをやったら）何が起こるか、想像することができない。

【例】JCO臨界事故（1999年9月）

形骸化：手順の意味や内容を十分に理解していないために、あるいは一応の理解はしていても忙しさや面倒くささのために、形の上だけ手順通り実施しているふうに装う（取り繕う）

こと。

チェックリスト作成において、チェック項目が膨大なため、一つひとつの項目を十分に確認せずに、あとでまとめてチェックするなど。

結果的に手順書は守られず、実態とかけ離れた（誰も守らない）手順書が放置されてしまう。

【例】神戸製鋼所の品質データ改ざん（2017年）、ISO・JIS認証の取消。自動車の完成車検査不正。他

＜プロジェクトに関わる原因＞

【第1レベル】

企画・計画不良：企画や計画そのものに問題がある

【第2レベル】

目的不良：（顧客の要望はあっても曖昧で）目的が明確に定義されていないままに設定された手段や、本来の目的を忘れ目的を達成するために設定した手段を満たすだけで、目的を果たしたと勘違いしてしまうこと。

【例】「なぜ、情報システムを変えるのか」、「新しい情報システムによって何を達成するのか」が曖昧で、情報システムを構築することそのものが目的化してしまっていること。システムは計画通りに完成したものの、現場の実態に合わない、使い勝手が悪いなどの理由で抵抗にあって導入に至らない、システム導入後の現場に混乱が生じてしまう、導入されても本来の使い方で使われないといったケースが発生する。

重要性の認識誤り：

プロジェクトの成否が経営や現場に及ぼす効果の大きさが正しく見積もられておらず、経営層とプロジェクト側でプロジェクトの重要性の認識に乖離が生じること。結果として、経営層の関与が不足したり、必要な資源（人・

モノ・金・時間）が割り当てられなかったりといったケースが発生する。

スコープ不良：

> プロジェクトの目標を達成するために必要な成果物とタスク（細分化された作業）、仕様や要件が不明確であったり、共通認識がされていないまま活動を進めてしまい、結果として目標が達成できなかったり、不具合を生じること。

【例】活動開始後に安易に仕様（要件、対応範囲他）を追加、変更することで、コスト・工期が計画をオーバーするケースが発生する。

体制・役割不良：

> 顧客、発注先などのステークホルダー（利害関係者）も含めたプロジェクトの体制が十分でなかったり、各々の役割が明確でなかったりすることが原因で、相互の連携（作業や意思決定などのすり合わせ）の不足、顧客の参画の不足（要望の吸い上げができない）、誰にも着手されない（相手がやるはず、誰かがやるだろう）タスクの多発を招く。
> プロジェクトに（システム化の場合は、その対象）業務に精通したメンバーや、必要な能力を有するメンバーが割り当てられないことで、業務要件漏れや不具合が生じる。

見積もり不良：

> プロジェクト完成までどのくらいの資源（人・モノ・金・時間）がかかるかの見積もりミス（楽観的な見積もり）により、工程遅延やコスト超過を引き起こすこと。

コミュニケーション計画不良：

> 多数のステークホルダー（利害関係者）と効率的かつ確

　　　実にコミュニケーションをとる計画が不足しているこ
　　　と。コミュニケーションの不足は、プロジェクトの進行
　　　に大きな影響を及ぼす。

【例】各々のステークホルダーに配布する情報の内容、フォーマット、
伝達手段、配布ルート、会議開催計画などが定められていない。

スケジュール不良：

　　　作業タスクの漏れや必要期間の見積もり漏れ、想定外の
　　　リスクやトラブルのための予備の日程（時間など）を考
　　　慮していない、最初から残業を前提とした計画など、プ
　　　ロジェクト計画時に策定したスケジュールに不備がある
　　　こと。
　　　また、大きなスケジュールを作成したのみで、作業工程
　　　の分解や、担当やタスクの期限を定めたスケジュール化
　　　（WBS：Work Breakdown Structureの設定）まででき
　　　ていないこと。結果として、工程の進捗状況や、何が障
　　　害になって工程が滞っているかを把握することができ
　　　ず、対策が後手にまわってしまう。

委託先選定不良：

　　　委託先の能力や実績などを評価せず、表面的な見積もり
　　　コストや理不尽な政治的圧力により、不適切な委託先を
　　　選定したことにより、納期遅延やトラブルの多発を引き
　　　起こすこと。

契約条件不良：

　　　契約書が不明瞭（変更プロセス、中断の扱い、前提条件、
　　　納品成果物、検収条件、瑕疵担保責任、役割分担など）
　　　であるために、後にトラブルが発生すること。発注元か
　　　ら無理な契約条件を強いられ、結果として納期遅延やコ
　　　スト超過を起こしてしまうこと。自身が発注側である場

合には、要件を正しく伝えていなかったために、期待していたものと異なるものが納入されたりするケースもある。

<プロジェクトに関わる原因>
【第1レベル】
調査・検討不足：決定に至るまでの検討が不十分
【第2レベル】
現行業務フロー調査不足：
　　　　現行業務フローの洗い出しが漏れていたり、誤っていたりすることにより、システムの仕様漏れや仕様誤りが発生すること。
技術調査不足：
　　　　プロジェクトで導入する新技術や開発手法、システム環境に関しての事前検討・調査が不十分であることが原因で、想定していなかった不具合や工数増が発生すること。
【例】システム系ではないが、化学プラントなどでは、取り扱う物質の反応特性の調査が不十分であったために重大事故につながったり、他社が重篤な火災・爆発事故を発生させ、その事故原因調査報告も公開されていたりしたにもかかわらず、その教訓を生かしきれず、類似災害を発生させてしまった事例もある。
他社の先行特許調査が不足していたために、特許などの権利が取得できなかったり、必要十分な自社の権利が構築できなかったりして失敗する。
システム影響調査不足：
　　　　プロジェクトでの開発内容が、自システム既存機能や他システムとどのような関係があるかの調査が不十分であることが原因で、想定していなかった不具合や工数増が

発生すること。

【例】他システム連動データの確認不足、自システム変更要求への影響把握漏れ。第一勧業銀行、富士銀行、日本興業銀行の3行が合併して誕生したみずほ銀行のコンピュータシステム大規模障害は合併前の各行のシステム（システムベンダーも異なる）をそのままつないで運用しようとしたのが原因であった。(2002年4月)

情報システムに限らず、機械や化学プラントなどでも、既存の機械・設備の一部を変更して動かしたときに思わぬトラブルを生じるケースがある。機械の場合は部品同士が干渉する、化学プラント（反応器周辺の配管・計装変更により）の場合は反応の制御ができなくなり化学反応が暴走→温度上昇→火災爆発に至った、など。

業務検討精度不良：

業務要件の漏れや曖昧さにより、その後の設計・製造の段階（フェーズ）になってユーザー側への確認が多発したり、不具合、手戻りなどが発生したりすること。

【例】機械やプラントの設計・開発などにおいても、基本設計の段階では、構成要素ごとに別チームに分かれて作業を進めていても、フェーズの進展に合わせて相互にすり合わせを行って詳細設計、図面作成、生産試作につなげていかねばならないが、すり合わせが不十分なために失敗すること。

移行検討不足：

業務面およびシステム面での移行方法についての事前検討が不十分であることが原因で、移行作業に失敗したり、移行直後の業務に混乱が発生したりすること。

＜プロジェクトに関わる原因＞

【第1レベル】

プロジェクト運営不良：

> プロジェクト運営の体制や手順がきちんと物事を進められる形になっていない

【第2レベル】

構成員不良：

> 開発側のプロジェクト体制においてプロジェクトスコープ、変更要求に見合ったスキル・知識・権限を保有するメンバーが割り当てられていないこと。この他に、メンバーが報告を上げない、（上司の判断を仰ぐべき事項であっても）担当者が勝手な自己判断で行動する、参画意欲がないなど、構成員の取り組み姿勢・行動などが原因となって引き起こされる失敗もある。
>
> 絶対的な怠け者、破壊主義者が意図的に引き起こす失敗を除き、多くは管理・運営側の問題と対をなす場合が多い。

コミュニケーション管理不良：

> 伝達が相手に理解されない、間違った情報を相手に与えてしまうなど、円滑な意思疎通が図れていないこと。リーダーの指示が現場にまで伝わらない、現場の状況をリーダーが知らない。伝えたつもりでも、伝わっていない。

品質管理不良：

> 作業結果の品質（できばえ）が適正かの判断ができない、または、判断していないなど、品質の管理ができていないこと。

コスト管理不良：

> プロジェクトの進捗に相応しい予算進捗がなされているか（何にいくら使ったか）確認することを怠り、ドンブ

リ（総額）勘定で済ませている。結果的に、承認された
予算をオーバーするなど不必要なコストを発生させてい
ること。

進捗管理不良：

プロジェクトの進捗遅れや、未稼働（手待ち）のメンバー
が発生するなど、進捗が適切に管理されていないこと。

リスク管理不良：

想定していなかった問題が発生するなど、リスクの想定
や対応が不完全なこと。

課題管理不良：

要員不足による納期遅れでプロジェクト運営に支障を発
生させてしまうなど、メンバー間で課題の共有や解決が
うまくいかないこと。

変更管理不良：

いったん決まった内容（企画や計画、仕様、作業標準、
手順書など）を途中で変更する際、その情報が関係者（部
署）に伝わっておらず、失敗に至ること。変更発生時
の起案・承認・実施のプロセスが整備されていないため
に生じる。変更した者（部署）以外は、変更された内容
を承知していないこともある。

【例】手配漏れ、連絡漏れ

構成管理不良：

新旧のファイルが混在するなど、成果物のバージョン管
理や保存場所などが管理されていないこと。

＜組織に関わる原因＞

【第1レベル】

環境変化への対応不良：

当初想定した条件が変化しているのに対応が不十分

【第2レベル】

運営の硬直化：

プロジェクトの運営が形式的・前例的となり、意思決定が迅速・柔軟に行えていないこと。

メンバーの責任と権限が不明確で問題事項が先送りされやすい。

ソフトウエア・ハードウエアの環境変化：

ソフトウエアのバージョンアップなど、システムを使用する環境が変化すること。

【例】・端末のOSがWindows7に変わることにより今まで使用できていたファイルが使用できなくなる。

・設備が老朽化して、保全に必要な部品が手当てできなくなる、突発故障で、本来機能が発揮できなくなるなど。

システム使用方法の変化：

初期開発、運用開始後、時間の経過とともにシステムの使用方法が変化すること。

経済環境変化：

当初想定していた経済環境（為替、金利、景気）が時間の経過とともに変わってしまい、プロジェクトの進行に影響があること。

【例】・会社の経営悪化に伴い、費用が削減されること。

・お客様側の経営破綻によるプロジェクト中断／中止。

年齢（高齢化）：

高齢化により、頭が固く（硬直、柔軟性喪失）なったり、

スキル・能力・意欲が低下したりするなど、パフォー
マンスが下がる。

構成員が高齢化し、世代交代する際に、組織、企業
内に蓄積されていたもの（ノウハウ、スキル、暗黙
知など）が継承できず、プロジェクトが中断・中止
となる。

法令変化：法令が見直されることで、プロジェクト推進上、方向転
換が必要になること。もしくはプロジェクトが中止にな
ること。

＜組織に関わる原因＞

【第1レベル】

価値観不良：価値観が周囲と食い違っている

【第2レベル】

標準化不足：

開発プロセスが標準化されておらず、個々人がばらばら
の方法で開発を進めることにより、生産性が悪化したり、
品質が安定しなくなったりすること。

【例】 開発時の各工程のフォーマット、記載ルールなどが標準化されて
おらず、担当者ごとに記載レベルが異なり、品質が安定しない。

教育不足：教育の重要性を軽視していること。

【例】・作業手順の教育が不足しているために、作業品質が安定しない。

・教育が不足しているメンバーをアサインし、プロジェクト推進
が思うように進まない。

ノウハウ蓄積不足：

ノウハウをためる文化がなく、同じ失敗を繰り返したり、
自社に保有するスキルが低下したりすること。

安全意識の不良：

(品質管理、情報セキュリティー、環境防災などについても同様)

安全に対する関係者の意識が低いこと。

「安全は各現場の仕事、安全管理部の仕事（自分は当事者ではない）」といった意識、規則を作って管理監督しておけば「誰かが実際の安全は守るだろう」といった管理意識や、「安全にこだわり過ぎると（煩雑過ぎて）仕事にならない」「利益（にかかわる生産・販売）が第一で、安全は金がかかるから適当にやって誤魔化せ」といった意識が原因になって引き起こされる失敗。

文化・常識の違い：

お客様や協力会社との文化・意識の違いがあり、自分たちと異なる文化（常識）を理解・適応できないために、折り合いがつかないこと。

【例】要件定義はどちらの責任か。ユーザー部門の承認行為の意味の違い。

組織文化の不良：

組織内ルールを優先して公のルールをなおざりにする、あるいは社会に対する責任意識の不在、強すぎる上意下達、横断的連絡の不在などの悪しき組織文化が原因で引き起こされる失敗。

【例】・序列強制、権威勾配、忖度（上司、先輩には逆らえない。権威者からの無理な要求に、意に反して服従してしまう。結果として、行動の良し悪しを自分で判断しなくなったり、発言しにくく悪い情報が正確に伝わらなくなったりする。）

・同調性圧力（組織の中で過去から続いてきたことや組織としての動きに、異を唱えにくい、反論することをはばかる。結果として、過去からの慣習がその正否を真剣にチェックする

　　　　ことなく継続され、適正化する機会を逸してしまう。仲間意識

　　　　が強く身内に甘い一方、行動や判断に対する厳しさ（規律）が

　　　　不足した、ムラ社会を生む。）

セキュリティー意識不足：

　　　　関係者のセキュリティーに対する意識が低いこと。

　　【例】開発者が安易に本番環境システムにアクセスする。

間違った顧客志向：

　　　　ユーザー部門に言われたままに対応することが正しいと

　　　　理解していることから、なし崩し的にスコープが広がり、

　　　　コストや納期に影響を及ぼしてしまうこと。

成果至上主義：

　　　　最終成果でのみ人事評価をする文化などが影響し、無理

　　　　な受注や悪いことを隠す、他メンバーを助けないなどの

　　　　事象を引き起こすこと。

　　【例】営業担当者が営業成績を重視し、無理なプロジェクトを受注する。

プロジェクト外の利権争い・駆け引き：

　　　　上位層（管理職、経営層）の利権争いにより、正しいと

　　　　は言えないプロジェクト方針を打ち出されたために、プ

　　　　ロジェクトに悪影響が及ぶこと。

＜未知の原因＞

【第1レベル】

未知：誰も知らない事象が発生

【第2レベル】

未知の事象発生：

　　　　今までの原理、真理、公式とされていた知識では理解で

　　　　きない事象が起こることによって引き起こされた失敗。

　　　　誰も知らない事象。

異常現象発生：

よく考えれば、今までの真理、定理とされてきたものや経験から近い判断ができるが、その事象について、経験や報告がなかったと思われる事象により引き起こされた失敗。

有史以来無かったような自然災害・テロなどの想定外の事象

11 担当領域以外に目を向ける

「ITプロジェクト版失敗原因マンダラ図」を使用するにあたり、筆者がメンバーにお願いしているのは以下の2点だ。

1つ目は担当領域以外に目を向けること。ITプロジェクトは通常「アプリケーション開発」「データベース開発」といった具合に、メンバーそれぞれが役割を分担しつつ作業を進める。だが「ITプロジェクト版失敗原因マンダラ図」を使った作業はプロジェクトで担った役割からいったん離れて、全体を俯瞰して議論するよう依頼している。

失敗プロジェクトへの対応が遅れる原因の1つに「気づかないフリ」が挙げられる。プロジェクトで問題が発生した際に、自分の役割外の業務であれば無視することを指す。自分の評価につながらないだけでなく仕事が増え、下手に手を出すとかえって犯人に仕立て上げられる恐れがあるからだ。

こうした態度は失敗の原因を究明する際の妨げとなる。まずは役割からの解放が必要だ。

もう1つは「プロジェクトをもう一度、同じメンバー、同じ環境で進めるとしたら、どこに気をつけるか」という視点で考えることだ。

　失敗プロジェクトの振り返りは「あのとき、あの人がいてくれたら」「あんな出来事が起こらなかったら」などと「たられば」の議論に陥る恐れがある。これでは真因の追究につながらない。同じ条件でどうすれば良かったのかを考える姿勢が大切だ。

　そして「IT プロジェクト版失敗原因マンダラ図」を利用した失敗原因の追究は 5 つのステップで進める。

12 失敗原因を 5 ステップで追究

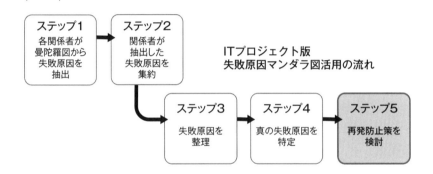

ステップ 1：「IT プロジェクト版失敗原因マンダラ図」から全ての
　　　　　失敗原因を抽出する
ステップ 2：抽出した失敗原因を集約する
ステップ 3：失敗原因を整理する
ステップ 4：真の失敗原因を特定する
ステップ 5：再発防止策を検討し蓄積・活用する

　作業はグループで進めるのが望ましい。1 人でもできるが、プロジェクトに参画した複数のキーパーソンで議論したほうが、より客観的かつ網羅的に原因を究明できる可能性が高い。

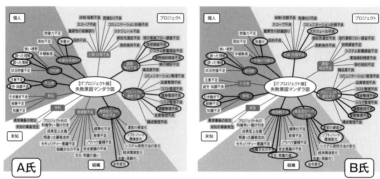

成功曼陀羅図を活用した原因の記入例

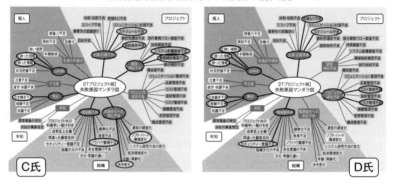

　ステップ1では「ITプロジェクト版失敗原因マンダラ図」から全ての失敗原因を抽出する。図に示した第1レベル・第2レベルの原因全てについて、今回のプロジェクトの失敗原因として当てはまるかを確認。当てはまる全ての原因に丸印を付けていく。

　作業は左下の「無知」から始めて「未知」で終わるよう、時計回りに進める。この段階では参加メンバーが個別に確認・記入していく。

　メンバーは丸印を付けた項目について、具体的な事象を書き出す。「重要性の認識誤り」に丸印を付けたのであれば、「システムダウン

が引き起こす社会的な影響を経営層は軽視していた」などと書く。

　これは「抽象化と具体化」という技法に基づいている。具体的な事象をいったん共通した言葉で抽象化して、カテゴリーを明確にする。この場合は「ITプロジェクト版失敗原因マンダラ図」の項目に置き換えて抽象化している。その上で抽象化した言葉を具体的な事象として書き出し、事象を特定していく。

　具体的な事象を書き出す際は、Excelなどの表計算ソフトを活用すると便利だ。一覧表の作成が容易になり、次のステップで各メンバーが作成した内容をまとめやすくなる。

　ステップ1ではメンバーごとに印を付けた項目が異なるのが一般的だ。この時点では失敗に対する見方が違っていても問題ない。

14 抽出した失敗原因を集約する

　ステップ2では、ステップ1で各メンバーが挙げた失敗原因と具体的な事象を一覧表にまとめる。

第1レベル	第2レベル	A	B	C	D	●氏の コメント
無知： 世の中に知られている解決法を本人が知らない	知識不足：一般的な技術情報、知識として、世の中で既に確立しているにも関わらず、本人が知らないために、判断・考慮ができないこと。「知らないし、できない」こと。					
	経験不足：書籍や研修などで基本的な知識は習得しているが、実業務へ適応する応用力が欠けていること。「（知識として）知ってはいるが、（スキルとして身についていないため）できない」こと。		○		○	
	引き継ぎ不良：交替勤務などで、担当が入れ替わる際に、引き継いでおくべきこと(例:設備の異常、部署外と調整中の事項など)を忘れてしまうこと、あるいは引き継がれたことを忘れてしまうこと。【例】JR西日本・JR東海のぞみ34号重大インシデント(2017年12月)		○	○	○	

└──────マンダラ図の項目──────┘　└──選択した人に「○」を付け、コメントがあれば反映する──┘

第1レベル	第2レベル	A	B	C	D	●氏の コメント
不注意: 十分配慮して いれば防ぐこ とができる注 意を怠る	疲労・体調不良:個人的理由・外的理由により、疲労が蓄積し たり体調を崩して注意力が散漫になったために、作業能力が低 下、あるいはミスをすること。	○				
	注意不足:本人は知識もあり、本質も理解しているにも拘わらず、 忙しさや面倒くささで、万一に備えての注意・警戒を怠り、ミス を犯すこと。	○				
誤判断: 状況を正しく 捉えられない 、または思 い違いなどで 判断を誤る	状況把握不足:現在の状況・状態の把握が不足し、判断を誤る こと。					
	誤った情報:収集した情報が適切ではなかったために、判断を 誤ること。	○	○	○	○	
	誤った理解:意味・内容の解釈を誤って、判断を誤ること。	○	○	○	○	
	狭い視野:広い知見が必要な場合でも自己の知識エリアだけで 判断してしまうこと。 物事や起こっている事象を一面的にしか捉えられないために、あ るいは他の出来事や事象との関連が捉えられないために、検討・ 判断する時の考える範囲が狭くなり、考慮するべき要素が欠落し てしまうこと。				○	
手順の不順 守: 約束事や習 慣・規則を守 らない	手順無視:検討や連絡などで、公式、非公式に決められた手順 や方式があるにも関わらずそれを守らず、過去の経験や勘で自分 勝手に実施してしまうこと。自身の責任と権限範囲についての認 識が不足、あるいは誤っているため、上位職の判断を仰ぐべき 場面にもかかわらず、根拠なく勝手な自己判断をしてしまうこと。 必ずしも個人の問題に止まらず、根っこに(別項目の)「組織文化 の不良」があるケースも多い。 【例】作業標準、決裁権限基準の逸脱。安全では「止める、呼ぶ、 待つ」の不順守。ルールの軽視など。					
	周知不足:関係者に広く知らせる必要がある情報・決まり事を知 らせていないこと。新規メンバーに対して、手順やルールを知ら せていないこと。					
	想像力不足:なぜこの手順が定められているか、また作業書が前 提としている条件(暗黙のもの含め)を理解していないために柔軟 性を欠き、想定外の事象に対処できないこと。 手順を守らなかっ たら(それをやらなかったら／別のことをやったら)何が起こるか、 想像することができない。 【例】JCO臨海事故(1999年9月)					
	形骸化:手順の意味や内容を十分に理解していないために、あ るいは一応の理解はしていても忙しさや面倒くささのために、形 の上だけ手順通り実施している風に装う(取り繕う)こと。 チェックリスト作成において、チェック項目が膨大なため、一つ ひとつの項目を十分に確認せずに、あとでまとめてチェックする など。結果的に手順は守られず、実態とかけ離れた(誰も守ら ない)手順書が放置されてしまう。 【例】神戸製鋼所の品質データ改ざん(2017年)、ISO・JIS認証 の取消。 自動車の完成車検査不正。他	○	○			

└─────── マンダラ図の項目 ───────┘ └─ 選択した人に「○」
を付け、コメントが
あれば反映する ─┘

52

　表では「個人に関わる原因」だけをまとめているが、全原因について同じようにまとめていく。まとめる際は、それぞれの原因や事象をどのメンバーが挙げたのかを分かるようにしておく。次のステップで使うためだ。

　留意点として「佐藤氏にPMとしての知識が不足している」のようなメンバー名や具体的事象における固有名詞は、最終報告時に「A氏」などとアルファベットに置き換えることをお勧めする。固有名詞を挙げると、犯人捜しにつながりかねないからだ。

15 | 失敗の原因を整理する

　ステップ3ではステップ2でまとめた失敗の原因を順に確認していく。失敗の原因がどのフェーズで発生したか、どのような兆候を通じて失敗に気づいたかなどについて、メンバーで議論しながら確認を進めていく。最終的に失敗の原因候補を選ぶのが、このステップにおける目的だ。

　具体的には以下に示す方針と手順で進める。

1. 関係者全員が抽出した項目については無条件に選ぶ
2. 関係者の一部が抽出した項目については仮選定とする
3. 誰も抽出しなかった項目については「なぜ抽出しなかったか」を議論し、確認した上で対象外とする
4. 2で仮選定した項目について、ステップ2で作成した一覧表で抽出理由を確認した上で、選定するかどうかを関係者で検討して決める

　ステップ3の手順は、システム監査の際に複数の監査人が監査意見を形成する際に活用している方法と同じである。このことからも実効性は高いと考えられる。

16 | 失敗原因の関連を時系列で分析

　続くステップ4がITプロジェクトの真因に行き着くための鍵を握る。ステップ3で選んだ失敗の原因候補を基に、真の失敗原因を特定していくプロセスだ。

　ステップ4の手順として、筆者がお勧めするのは「連関図」を作成する方法だ。連関図は時系列で失敗の原因を関連付けたものを指す。縦軸は時間、横軸はIT企業での成果指標であるQ（品質）、C（予算）、D（納期）をそれぞれ示している。

　連関図を作成する際は、まずステップ3で使用した失敗原因集約シートに以下の内容を追記する。

・選んだ原因はどの作業工程で発生したのか
・選んだ原因は何をトリガー（きっかけ）にして発生したのか。他
　の原因に起因しているのか

　作業が完了したら失敗原因集約シートの情報を基に、時系列やQCDを踏まえて失敗の原因を関連付けながら配置していく。「品質管理不良」は「構成管理不良」に起因している。さらに「構成管理不良」は「経験不足」に起因している、といった具合だ。

　作業はメンバー全員が納得しながら進めるのが望ましい。失敗の原因を記載した付箋をホワイトボードに貼っていくと、失敗の原因に関する全体感をつかみやすい。

　失敗の原因を時系列で配置したら、それぞれの原因について単独で発生したか、トリガーがあって発生したのかを確認し、他の原因がトリガーになっているのなら線で結ぶ。この作業によって、重要な失敗原因がQCDの各要素に対してどのような経路で影響を与えたのかが見えてくる。

　作業を続けていくにつれて、最下層すなわち時系列で最も過去に

位置する失敗原因にたどり着く。これこそが失敗の真因であり、ここまで行き着いて初めて「真の失敗原因が究明された」と言える。

あるITプロジェクトに関して連関図を作成して分析したところ、「経済環境変化」「誤った情報」「誤った理解」の3つが失敗の真因であると特定できたことで、経営層が欲しがる「特別な失敗の原因」とは異なる内容であった。

17 2次的な失敗原因を「真因」と誤解

失敗原因連関図の
作成例

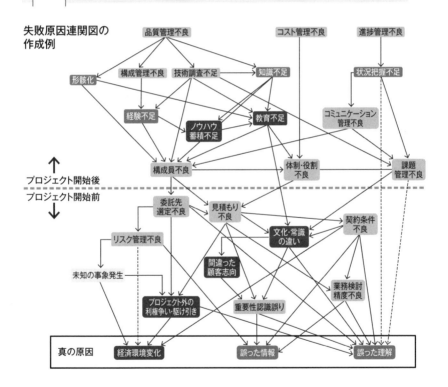

連関図を活用する利点は2つある。第1に、失敗の原因を余すところなく見える化できる。実際に試してみると、実感できるはずだ。

　もう1つの利点は、失敗の真因と2次的な失敗原因を区別しやすいことだ。連関図を使って分析していくと、例えば「プロジェクト外の利権争い。駆け引き」「重要性の認識誤り」は2次的な失敗原因だと分かる。

　経営者やプロジェクトマネジャーが真っ先に思い浮かべる失敗の原因は多くの場合、2次的な失敗原因である。最終的に失敗した事象に直結しており、記憶に残りやすいからだ。筆者も以前はそのように認識していた。

　連関図を作ると、2次的な失敗原因に線が集中する傾向が見られる。これらを失敗の真因とみなしてしまうのはこのためだ。

　ところが多くの場合、失敗の真因は直接QCDの評価に起因しておらず、経営者やプロジェクトマネジャーが気付きにくい。このため真因が発生した後に生じる2次的な失敗原因を真因と捉えてしまう。一度このように誤解してしまうと、その考えを変えるのは容易でない。

　日本の組織が失敗を繰り返し、真因にたどり着かないのは以上のような事情によると筆者は考える。連関図の結果を基に「ITプロジェクト版失敗原因マンダラ図」を更新すれば、ステップ4は完了である。

　筆者が当初、「ITプロジェクト版失敗原因マンダラ図」を発表したときは「メンバーで話し合って、真の失敗原因を探ってほしい」と伝えていた。その後、実際に「ITプロジェクト版失敗原因マンダラ図」を活用した方から「話し合いで真因を探るのは難しい」「熟練者なら真因にたどり着けるのかもしれないが、誰でもできるわけではない、「ITプロジェクト版失敗原因マンダラ図」をもっと簡単に使えるようにできないか」といった意見をいただいた。

　そこで複数の企業における失敗事例をサンプルとして、誰でも簡単に失敗の真因にたどり着けるようにする方法を検討した。それがここで紹介した連関図である。

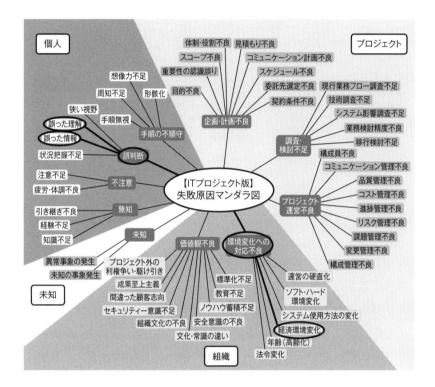

18 | 再発防止策を蓄積・活用する

蓄積した失敗原因の活用例

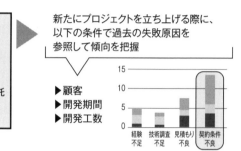

プロジェクトで発生した
「失敗の真因」を要因別に蓄積し、
リスク対策に役立てる

統計項目
- ▶顧客
- ▶業績
- ▶開発期間
- ▶開発工数
- ▶開発／保守
- ▶自社開発／外部委託
- ▶失敗原因
- ▶発生工程

新たにプロジェクトを立ち上げる際に、
以下の条件で過去の失敗原因を
参照して傾向を把握

- ▶顧客
- ▶開発期間
- ▶開発工数

経験不足　技術調査不足　見積もり不良　契約条件不良

　プロジェクトにおける真因が分かったとしても、それで作業が完了するわけではない。失敗の経験を組織で今後も生かせるようにしておく必要がある。それが最後のステップ5だ。

　今回のプロジェクトだけでなく、今後立ち上げるプロジェクト、さらに過去のプロジェクトについてもステップ1から4の手順で失敗の真因を探り、データベースとして蓄積しておくことをお勧めする。

　今後新たにプロジェクトを開始する際に、データベースを活用してどの業種や業態で失敗が起こりやすいか、どこに気をつけるべきかを確認する。具体的な事象を参照すれば、プロジェクトの各フェーズを始める前に対応しておくことも可能だ。

　さらに失敗事例を連関図として蓄積しておけば、「この問題を放置すると、未来にどんな失敗が起こるか」を予測でき、経営者やプロジェクトメンバーに警鐘を鳴らせると考えている。

　例として、原因から想定していくべきである対応策は次の通りである。

原因から想定していくべきである対応策の例

個人に関わる原因		
第1レベル	第2レベル	対応策
無知	知識レベル	・教育を強化する。 ・業務に従事できる知識水準を設定し、水準に達しているかを確認する。 ・ノウハウの蓄積・活用を推進する。
	経験不足	・様々なプロジェクトを経験させる。 ・経験豊富な有識者の下で業務を遂行する。
	引き継ぎ不良	・責任の所在 (*) を明確にし、責任を持って知識を継承するようにする。 (*)「引き継ぐ側」「引き継がれる側」のいずれが責任を持つか。
不注意	疲労・体調不良	・適正な残業時間を設定する。または作業負荷を軽減する。 (残業時間や作業量の基準を定量化する必要がある)
	注意不足	・複数人が事象を把握できる仕組みを構築する。
誤判断	状況把握不足	・ステークホルダーとのコミュニケーションなど、状況把握できる環境を整える。
	誤った情報	・用語や記載方法を標準化し、1語に一つの意味を持つようにする。 ・決定事項は議事録に記載する。
	誤った理解	・用語や記載方法を標準化し、1語に一つの意味を持つようにする。
	狭い視野	・広い視野を持つ有識者の下で業務を遂行する。 ・日常業務で指導・訓練（OJT）を実施する。
手順の 不順守	手順無視	・手順の途中にチェックポイント（承認点）を設け、手順を進めるために承認を必要とさせる。 (例)【ABC（当たり前のことを、馬鹿にせず、ちゃんとやる）活動】
	周知不足	・社内の情報共有ルールを設定する。 ・新規メンバー加入時は、初期教育を実施する。
	想像力不足	・作業の意味を1つずつ理解する教育を実施する。
	形骸化	・形骸化している手順を確認し、必要に応じて手順をメンテナンスする。

プロジェクトに関わる原因		
第1レベル	第2レベル	対応策
企画・計画 不良	目的不良	・重要性を客観的に評価する指標を設ける。 (開発コスト、開発期間、経営戦略に関わるシステム開発かなど) ・プロジェクト失敗時の影響を、経営層に説明する。
	重要性の認識 誤り	・システム導入後のランニングコスト、効果を明確にする。 ・プロジェクトキックオフを開催し、関係者全員で目的や経営面の価値を共有する。 ・絶えず（本来の）目的を意識して仕事をする。
	スコープ不良	・要件追加可否の判断は、上層部の承認を得る手順とする。

企画・計画不良	体制・役割不良	・ユーザー部門とシステム部門で体制・役割・責任箇所を定期的に確認する場を設ける。（定例会議を設ける）
	見積もり不良	・一定量のバッファ（余裕）を見込んだ見積もりを行う。 ・有識者によるレビューを実施する。
	コミュニケーション計画不良	・一定の規模（開発コスト、ステークホルダーの数など）を満たすプロジェクトについて、コミュニケーション計画を策定する。 ・業務部門と開発部門を同じフロアに配置する。 ・公式、非公式なコミュニケーションの機会を設け、相互の意思疎通の円滑化に努める。
	スケジュール不良	・各工程ごとに工数を策定し、期間と工数を比較し実現可能な計画であるかを第3者が評価する。またユーザーとも共有し承認してもらう。 (例)【WBS (Work Breakdown Structure)】、【ガントチャート】
	委託先選定不良	・表面的な見積もりコストのみで判断せず、適切な選定基準を定める。 (割り当てられる担当者の力量、過去実績や、コスト詳細とその妥当性確認など)
	契約条件不良	・開発部門と契約部門を分ける。 ・契約条件を詳細に明文化する。 ・要件が未確定の場合は、支援型や準委任契約とする。
調査・検討不足	現行業務フロー調査不足	・現行システム熟知者がプロジェクトへ参画する。 ・現行システムの帳票などを基に、地道に業務フローを調査する。
	技術調査不足	・公平中立な調査会社のアドバイスを受ける。 ・先行している他社事例、公開されている他社の失敗事例を収集する。 (例)【ベンチマーキング】
	システム影響調査不足	・影響調査の手順を確立する。 ・設計書の精度を高める。
	業務検討精度不良	・業務要件からテストケースが作成できるかを確認する。 (例)【アジャイル開発】、【DR (デザイン・レビュー)】
	移行検討不足	・現行データの調査を十分に行う。 ・リスクを見込んで移行スケジュールを作成する。 ・事前リハーサルを実施する。
プロジェクト運営不良	構成員不良	・構成員の成熟度、業務経験年数、を明確にする。 ・メンバーの増員・交替を要望する。 ・メンバーの教育を強化する。 (例)【真・報連相】
	コミュニケーション管理不良	・プロジェクトにおける共通用語を定義する。 ・伝達されているかの確認を行う。 ・常に「〜かもしれない」と悪い事態を想定し、それを防ぐために自らアクションを起こす。
	品質管理不良	・モニタリングおよび評価の標準化を行う。 (QC7つ道具などのツールを用い管理の効率化を図る) (例)【PMO (Project Management Office)】の設置

プロジェクト運営不良	コスト管理不良	・精度の高い見積もりを行い、適切な人材で実施する。
	進捗管理不良	・作業ボリュームの見積もり精度を適切に行う。 ・作業員の作業の標準化や負荷の平準化を行い、作業効率を高める。
	リスク管理不良	・リスク管理を行うことの重要性を組織全体として認識させる。 ・プロジェクト遂行中も新たなリスクの監視を行う。 ・以前発生したリスクをノウハウとして蓄積する。
	課題管理不良	・課題の重要度を有識者を含めて検討する。 ・重要な課題には即時対応する。
	変更管理不良	・変更管理の手法を標準化する。 ・変更確定時に関係者へのレビューを実施する。
	構成管理不良	・成果物やバージョンなどの管理ルールを策定し、メンバーへの周知を徹底する。 ・運用しやすい管理ルールを策定する。 ・管理ツールなどを利用することで効率化を図る。

組織に関わる原因		
第1レベル	第2レベル	対応策
環境変化への対応	運営の硬直化	・運営の評価を第3者（または有識者）が行う。 ・プロジェクトの改善提案を評価する仕組みを整備する。
	ソフトウエア・ハードウエアの環境変化	・ソフトウエア・ハードウエアの更新情報などについて常に情報収集をしておき、事前にシステムへの影響を調査し、計画的に対策を実施する。
	システム使用方法の変化	・使用形態の変化がないか定期的に意見交換を行う。
	経済環境変化	・費用削減、環境変化時のサービスレベルを合意しておく。
	年齢	・中長期の要員補充ならびにスキルの継承計画をたて、継承を行う。
	法令変化	・プロジェクト開始時に関連法案を確認する。
価値観不良	標準化不足	・標準化の重要性を教育する。 ・定期的に標準が守られているかを評価する。
	教育不足	・教育体系、教育方法を策定する。
	ノウハウ蓄積不足	・プロジェクト完了後、蓄積するノウハウがないかを組織全体で振り返る。
	安全意識の不良	・失敗（事故）発生時に関わる事例を説明し、意識を高める。
	文化・常識の違い	・プロジェクト開始時に責任の所在や用語の定義などを明確にする。

価値観不良	組織文化の 不良	・組織文化の是正は、基本的に、強烈なリーダーシップを持つ トップにしかできない。（ボトムアップ型活動だけでは是正 は無理。取る。） ・後から求められたときにも、行動や判断の妥当性を説明でき る（説明責任を果たせる）だけの材料を揃えておくこと。 ・追加要求に対しては費用対効果を算出し、実施可否を判断す る。 ・要件追加可否の判断は、上層部の承認を得る手順とする。 ・議事録や記録を文書で残す。（自己防衛のため）
	セキュリティー 意識不足	・セキュリティー事故発生時に被る内容を説明し、意識を高める。
	間違った 顧客志向	・追加要求に対する費用対効果を算出し、実施可否を判断する。 ・要件追加可否の判断は、上層部の承認を得る手順とする。
	成果至上主義	・議事録や記録を文書で残す。（自己防衛）
	プロジェクト外 の利権争い・ 駆け引き	・議事録や記録を文書で残す。（自己防衛）

未知の原因		
第1レベル	第2レベル	対応策
未知	未知の事象発生	・発生事象を蓄積し、共有化する。 ・未知の事象が発生した場合の対応を契約条項に含める。
	異常事象の発生	・発生事象を蓄積し、共有化する。 ・異常事象が発生した場合の対応を契約条項に含める。

第2章

DXを失敗させる
「10の真因」

第1章で説明した「ITプロジェクト版失敗原因マンダラ図」を活用したDXでの失敗事例の検証を行う。読者の皆様がDXに取り組んだ際に陥りそうなケースを6つに大別し、その失敗事例を【他山の石】として学んでほしい。

＜6つのケース別失敗事例＞

ケース1：顧客拡大を狙ってセキュリティーレベルを下げたことで
　　　　　招いた失敗
　（ⅰ）セブン＆アイ・ホールディングス【7pay（セブンペイ）】
　（ⅱ）NTTドコモ【ドコモ口座】

ケース2：要望を柔軟に取り入れすぎたことで招いた失敗
　（ⅲ）みずほフィナンシャルグループとLINE【LINE Bank】
　（ⅳ）ダイニングイノベーション【ブルースターバーガー】

ケース3：パンデミックなどの経済変化を軽視したことで招いた失敗
　（ⅴ）三菱UFJフィナンシャル・グループ【GO-NET】

ケース4：文化の違いを軽視したことで招いた失敗
　（ⅵ）OYO【OYO LIFE】

ケース5：技術力の過信で招いた失敗
　（ⅶ）MTGOX【マウントゴックス】
　（ⅷ）コインチェック【Coincheck】

ケース6：委託先への仕様丸投げで招いた失敗
　（ⅳ）野村証券【ラップ口座の刷新】
　（ⅹ）旭川医科大学【病院情報管理システム】

ケース 1 | 顧客拡大を狙ってセキュリティーレベルを下げたことで招いた失敗

＜事例から【他山の石】としていただきたいこと＞

　企業戦略のために顧客拡大を狙うのは民間企業では当たり前のことである。しかし、顧客の使い勝手を優先して大事なセキュリティーに目をつぶってしまった結果、顧客の信頼を失ってしまった。

（ⅰ）セブン＆アイ・ホールディングス 　　　【7pay（セブンペイ）】

＜DX戦略＞

　電子決済としては後発であるが、「かんたん」「便利」「おトク」を3大コンセプトとして、登録から支払い・チャージ・ポイントなどにおいて、ユーザーが簡単で使いやすくお得になるサービスとして打ち出された。

＜7payとは＞

　7payはセブン＆アイ・ホールディングス（以下セブン＆アイ）が2019年7月1日に始めたスマートフォンによるバーコード決済のサービス。2万店舗を超えるセブン-イレブン店舗で利用できるようにした。既存のセブン-イレブンアプリに支払い機能を付加したもので、アプリトップ画面からわずか2タップで利用登録できるという簡単さを売りにした。当初の予定では、2019年10月以降に外部加盟店での利用も始め、2020年からはセブン＆アイグループ各社のアプリとの連携を図っていく予定だったが約3カ月でサービス終了となった。

＜サービス開始時点での7payのメリット＞

- スマートフォンをツールとした、セブン＆アイ独自のバーコード決済サービスである。
- セブン-イレブンアプリから最短2タップの画面遷移で簡単に登録できる。
- 店頭レジ、セブン銀行 ATM、各種クレジットカードなどからチャージが可能である。
- 使用方法として、レジでお会計の際に「支払いバーコード」画面を提示し、バーコードを読み取るだけ。
- 7payによる支払いでnanacoポイントもためることができる。

＜失敗事象＞

不正アクセスによって第三者によって支払われてしまう事案が多数生じた。

＜被害状況＞

808人／38,615,473円（2019年7月31日17：00時点）

＜不正アクセスの手口＞

セブン＆アイが情報セキュリティーの会社と連携した「セキュリティ対策プロジェクト」の調査によると「攻撃者がどこかで不正に入手したID・パスワードのリストを用い、7payの利用者になりすましつつ、不正アクセスを試みる、いわゆる『リスト型アカウントハッキング』である可能性が高い」（セブン＆アイのプレスリリースより）とされた。2019年8月1日現時点では、「外部ID連携・パスワードリマインダー、有人チャットによるパスワードリセットなどの機能が、不正アクセスの直接の原因となった事例は見つかっておらず、内部からの流出についても、実査も含め、確認調査を行ったが、明

確な流出の痕跡は確認できない」との結果が取りまとめられた。

＜本事案発生の原因＞

犯行を防ぐことができなかった理由として3つの要因と対応策が挙げられた。

①7payに関わるシステム上の認証レベル

「複数端末からのログインに対する対策」や「二要素認証などの追加認証の検討」が十分でなく、結果『リスト型アカウントハッキング』に対する防御力を弱めることとなった。

②7payの開発体制

7payのシステムの開発には、グループ各社が参加していたが、システム全体の最適化を十分に検証できていなかった点が今回の事案を引き起こした原因の可能性がある。

③7payにおけるシステムリスク管理体制

7payにおける、リスク管理上、相互検証、相互牽制の仕組みが十分に機能していなかった可能性がある。

＜経緯＞

～2019年7月1日	「GitHub」にシステムコード（プログラム）が流出した疑い
7月1日（月）	サービス開始（セブン-イレブンアプリ上に搭載）
7月2日（火）	顧客より「身に覚えのない取引があった」旨の問い合わせが入る
7月3日（水）	各社ホームページへ「重要なお知らせ」を掲載 海外IPからのアクセスを遮断 クレジット／デビットカードからのチャージ利用を停止
7月4日（木）	店舗レジ／セブン銀行ATMからの現金チャージ利用を停止、新規会員登録を停止
7月5日（金）	「セキュリティ対策プロジェクト」の設置
7月6日（土）	モニタリング体制の強化
7月11日（木）	外部IDによるログイン停止
7月30日（火）	7iDのパスワードリセットの実施
8月1日（木）	サービス廃止を決定
9月30日（月）	サービス廃止

<結論>

　以下の3点の理由から、2019年9月30日をもって7payのサービスを廃止した。

(1) 7payについて、チャージを含めて全てのサービスを再開するに足る抜本的な対応を完了するには相応の期間が必要である。

(2) その間、サービスを継続するとすれば「利用（支払）のみ」、という不完全な形となる。

(3) 顧客の不安を完全に拭うのは難しく、7payのサービススキームを保ったままサービス提供を継続することは困難である。

<失敗学考察>

　ここまで公開された報告内容を使い、筆者が失敗学で学んだ考えから、直接的ではない真因を考察していきたい。本来であれば、「ITプロジェクト版失敗原因マンダラ図」はグループ作業を推奨しているが、個人でも作業が可能であるため、本書では筆者の知見・知識でステップ1〜5を行ってみる。読者は本書を読み終えたあと、自分ならどう考えるかをぜひ実践していただきたい。

　それでは第1章で説明した順に失敗の原因をリストアップしていく。

（ⅰ）ステップ1：「ITプロジェクト版失敗原因マンダラ図」から全ての失敗原因を抽出する

　「ITプロジェクト版失敗原因マンダラ図」の使用方法として、時計の8時の位置に置く＜個人＞に関する原因から、時計回りに＜プロジェクト＞＜組織＞＜未知＞まで順に原因を考えていくが、できれば作業は個人の知識だけに頼らないように、グループ（複数人）で進めるのが望ましい。1人でも作成可能だが、プロジェクトに参画した複数のキーパーソンで議論したほうが、より客観的かつ網羅

的に原因を究明できる可能性が高いことが過去の検証で実証されている。

　まず、＜個人＞に関する責任の第一階層の中で、【無知】の「知識不足」、「経験不足」「引き継ぎ」の3つの失敗原因から、原因を想像してみる。

＜失敗の原因を検討したものを一覧化したイメージ＞

			失敗の原因と思われる事象
個人	無知	知識不足	発注者である7payの決済サービスへの知識が不足していた。開発を委託された会社に知識不足の穴埋めを期待してしまった。
		経験不足	発注者である7payの決済サービスへの経験が不足していた。開発を委託された会社に経験不足の穴埋めを期待してしまった。
		引き継ぎ不良	
	不注意	疲労・体調不良	
		注意不足	リスクが事前に把握されていたのか、また、グループ各社は報告を受けるだけであったのか不明。
	誤判断	状況把握不足	開発中に構成管理ツール「GitHub」で管理していたシステムコード（プログラム）が流出した報告がどのようにされていたか不明。
		誤った情報	金融業界では認証方式として「二要素認証」が有効であったが、発注者である7pay側にその認識がなかった。
		誤った理解	金融業界では認証方式として「二要素認証」が有効であったが、発注者である7pay側にその認識がなかった。
		狭い視野	金融業界では認証方式として「二要素認証」が有効であったが、発注者である7pay側にその認識がなかった。
	手順の不順守	手順無視	
		周知不足	
		想像力不足	操作を簡単にするには、どのような技術を用いるのか、何か重要なことが忘れられていないか、安全を軽視していないかを想像できなかった。
		形骸化	
プロジェクト	企画計画不良	目的不良	
		重要性の認識誤り	顧客数を増やすことが重要なのであれば、「安全」が最優先であったはずである。
		スコープ不良	
		体制・役割不良	
		見積もり不良	
		コミュニケーション計画不良	
		スケジュール不良	
		委託先選定不良	
		契約条件不良	

			失敗の原因と思われる事象
プロジェクト	調査・検討不足	現行業務フロー調査不足	
		技術調査不足	「複数端末からのログイン」された場合、どのような情報を登録者へ知らせるべきか、何を使って情報をするべきか、調査が不足するなど準備ができていなかった。
		システム影響調査不足	「複数端末からのログイン」が発生した場合、システムへの影響を考えた設計を初期の段階で検討するべきであった。
		業務検討精度不良	生産・販売業界の常識と金融業界の常識が違っていた。プロジェクトメンバーに指摘する者がいたはず。
		移行検討不足	
	プロジェクト運営不良	構成員不良	グループ各社が参加していたため、統制に問題が生じていた可能性がある。グループ間でプロジェクトを牽制する体制を構築すべきであった。
		コミュニケーション管理不良	
		品質管理不良	プロジェクトの設計段階や開発後半のテスト時点でWebアプリケーション脆弱性診断を行っていれば、指摘されていたはずである。
		コスト管理不良	
		進捗管理不良	
		リスク管理不良	開発中に構成管理ツール「GitHub」で管理していたシステムコード（プログラム）が流出した場合、どのような処置が必要となるか、事前に把握されていれば、運用開始直後に簡単にセキュリティーホールが発覚しなかった。
		課題管理不良	
		変更管理不良	
		構成管理不良	開発中に構成管理ツール「GitHub」で管理していたシステムコード（プログラム）が流出した疑いがあるが、対応しなかった。
組織	環境変化への対応不良	運営の硬直化	プロジェクトを俯瞰してみるメンバーが不足したため、プロジェクト途中での問題提起できる時期に再検討できなかった。
		ソフト・ハード環境変化	金融業界では認証方式として「二要素認証」が有効であったが、発注者である7pay側にその認識がなかった。
		システム使用方法の変化	金融業界では認証方式として「二要素認証」が有効であったが、発注者である7pay側にその認識がなかった。
		経済環境変化	
		年齢	
		法令変化	
	価値観不良	標準化不足	
		教育不足	発注者である7payのプロジェクトメンバーへ適切な教育が行われていたか不明である。開発を委託された会社の要員がプロジェクト参加にあたり、十分な教育を終えた者が参画していたか不明である。
		ノウハウ蓄積不足	開発を委託された会社に十分なノウハウがあったのか不明である。
		安全意識の不良	
		文化・常識の違い	
		組織文化の不良	

			失敗の原因と思われる事象
組織	価値観不良	セキュリティー意識不足	発注者である7payのプロジェクトメンバーへ適切なセキュリティー教育がされていたか不明である。 開発を委託された会社の要員がプロジェクト参加にあたり、十分なセキュリティー教育を終えた者が参画していたか不明である。
		間違った顧客志向	発注者である7payが簡易操作をお客様が求めていることと解釈し、「安全」を軽視した。
		成果至上主義	
		プロジェクト外の利権争い・駆け引き	
未知	未知	未知の事象発生	
		異常事象発生	

＜失敗の原因と想定したものをマンダラ図に記載したイメージ＞

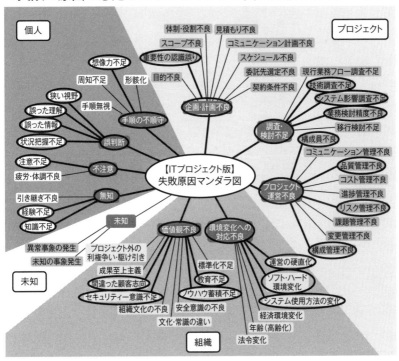

（ⅱ）ステップ2：抽出した失敗原因を集約する

　ステップ2としてグループ作業の場合は一人ひとりが作業したものを1つの表にまとめていく。今回は、例として4名がグループ作

業を行ったイメージ図を記載している。筆者の作業結果をAさんの列に記入した。失敗学会の思想として、原因の究明が大切であり、「誰が原因か」といった、特定の個人の名前は必要ないため、ABCDなどの符号で個人が特定できないように配慮する。集約したイメージ図は下記のようになる。

＜プロープメンバーの意見を一覧表で集約したイメージ図＞

			Aさん	Bさん	Cさん	Dさん
個人	無知	知識不足	○			
		経験不足	○			
		引き継ぎ不良				
	不注意	疲労・体調不良				
		注意不足	○			
	誤判断	状況把握不足	○			
		誤った情報	○			
		誤った理解	○			
		狭い視野	○			
	手順の不順守	手順無視				
		周知不足				
		想像力不足	○			
		形骸化				
プロジェクト	企画計画不良	目的不良				
		重要性の認識誤り	○			
		スコープ不良				
		体制・役割不良				
		見積もり不良				
		コミュニケーション計画不良				
		スケジュール不良				
		委託先選定不良				
		契約条件不良				
	調査・検討不足	現行業務フロー調査不足				
		技術調査不足	○			
		システム影響調査不足	○			
		業務検討精度不良	○			
		移行検討不足				
	プロジェクト運営不良	構成員不良	○			
		コミュニケーション管理不良				
		品質管理不良	○			
		コスト管理不良				
		進捗管理不良				
		リスク管理不良	○			

			Aさん	Bさん	Cさん	Dさん
組織	プロジェクト運営不良	課題管理不良				
		変更管理不良				
		構成管理不良	○			
	環境変化への対応不良	運営の硬直化	○			
		ソフト・ハード環境変化	○			
		システム使用方法の変化	○			
		経済環境変化				
		年齢				
		法令変化				
	価値観不良	標準化不足				
		教育不足	○			
		ノウハウ蓄積不足	○			
		安全意識の不良				
		文化・常識の違い				
		組織文化の不良				
		セキュリティー意識不足	○			
		間違った顧客志向	○			
		成果至上主義				
		プロジェクト外の利権争い・駆け引き				
未知	未知	未知の事象発生				
		異常事象発生				

（ⅲ）ステップ3：失敗原因を整理する

　集約した＜グループ作業＞の場合の一覧表は個人の知識・経験に依存しているものであるため、メンバー間でなぜ原因であると考えたのかを議論する。さらに、議論の終盤でいいので、選定されなかった原因項目について、選定されなかった原因をメンバーで討議しておいてもらいたい。さらに、次のステップにむけて、連関図で配置する場合の時間軸を記載していくと次の作業がスムーズになる。

＜集約した内容を討議し連関図の配置を想定したイメージ図＞

			Aさん	Bさん	Cさん	Dさん	連関図
個人	無知	知識不足	○				前半
		経験不足	○				前半
		引き継ぎ不良					
	不注意	疲労・体調不良					
		注意不足	○				中、後半

			Aさん	Bさん	Cさん	Dさん	連関図
個人	誤判断	状況把握不足	○				中、後半
		誤った情報	○				前半
		誤った理解	○				前半
		狭い視野	○				前半
	手順の不順守	手順無視					
		周知不足					
		想像力不足	○				前半
		形骸化					
プロジェクト	企画計画不良	目的不良					
		重要性の認識誤り	○				前半
		スコープ不良					
		体制・役割不良					
		見積もり不良					
		コミュニケーション計画不良					
		スケジュール不良					
		委託先選定不良					
		契約条件不良					
	調査・検討不足	現行業務フロー調査不足					
		技術調査不足	○				前、中半
		システム影響調査不足	○				前、中半
		業務検討精度不良	○				前、中半
		移行検討不足					
	プロジェクト運営不良	構成員不良	○				中、後半
		コミュニケーション管理不良					
		品質管理不良	○				中、後半
		コスト管理不良					
		進捗管理不良					
		リスク管理不良	○				中、後半
		課題管理不良					
		変更管理不良					
		構成管理不良	○				中、後半
組織	環境変化への対応不良	運営の硬直化	○				前、中半
		ソフト・ハード環境変化	○				前、中半
		システム使用方法の変化	○				前、中半
		経済環境変化					
		年齢					
		法令変化					
	価値観不良	標準化不足					
		教育不足	○				中、後半
		ノウハウ蓄積不足	○				中、後半
		安全意識の不良					
		文化・常識の違い					
		組織文化の不良					
		セキュリティー意識不足	○				中、後半
		間違った顧客志向	○				前半

			Aさん	Bさん	Cさん	Dさん	連関図
組織	価値観不良	成果至上主義					
		プロジェクト外の利権争い・駆け引き					
未知	未知	未知の事象発生					
		異常事象発生					

（ⅳ）ステップ4：真の失敗原因を特定する

　ステップ3で討議した内容から具体的に事象がどこで発生したものかを並べ、連関図を作成していく。線で結ぶ際は、記載された事象から関係性を表していくと関係性の深いものは線が多く交わっていくことがよく分かる。

＜ステップ3で討議した内容を連関図としたイメージ＞

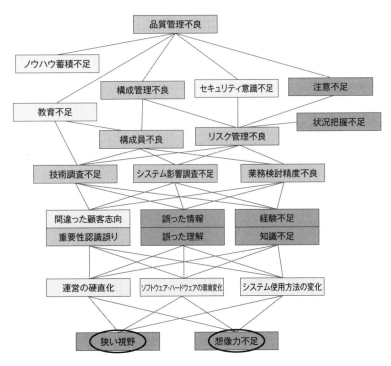

<真因を考える際に失敗学で重要と考えていること>

　失敗学会では「三現主義」を唱えている。三現主義とは「現地に出向き、現物にさわり、現人（人間）に会う」ことである。専門職なら誰でも頭の中に持っている「暗黙知」を分かりやすく表出し、皆と共有するためである。そのため、ステップ１で選定しなかったもの、少数の意見を拾うことが重要と考えている。

　今回は筆者一人で原因を考えているため、「三現主義」を実施できないが、外国を含む遠方で起こった事故なども「三現主義」の実施は難しい。そこで、筆者を含む失敗学会としては「事実」を１つのメディアから取り入れるのではなく、多くのメディアや新聞情報などから「推測」をできるだけ排除した「事実」だけを集め判断することに用いている。今回もできるだけ多くのメディアや新聞情報などから、「事実」を集め、当事者の気持ちで考えるのではなく、客観的に俯瞰してみた結果を伝えることとする。

<筆者が考える今回の問題点>

　それでは、セブン＆アイが考える7payの問題点と筆者が考えた問題点を比べてみよう。

　セブン＆アイが考える３点は以下のものである。

①7payに関わるシステム上の認証レベル

　「複数端末からのログインに対する対策」や「二要素認証などの追加認証の検討」が十分でなく、結果『リスト型アカウントハッキング』に対する防御力を弱めることとなった。

②7payの開発体制

　7payのシステムの開発には、グループ各社が参加していたが、システム全体の最適化を十分に検証できていなかった点が今回の事案を引き起こした原因の可能性がある。

③7payにおけるシステムリスク管理体制

7payにおける、リスク管理上、相互検証、相互牽制の仕組みが十分に機能していなかった可能性がある。

そして、筆者が問題としたのは、下記の3点である。

① 「かんたん」「便利」のコンセプトを重視するあまり、結果的にセキュリティーレベルをさげてしまうことへの危機感がなかった。

② アプリケーションのシステムコード（プログラム）が全世界に流出した可能性が予見された時点で、セキュリティーに問題が発生していることへの想像力を働かせることができなかった。

③ 生産・販売の業界と金融業界の常識は違っていて当たり前という前提にたち、不足している知識、経験を外部に依存するだけでなく、自分たちで調査することで外部委託会社を牽制するためのプロジェクト体制が構築できなかった。

上記を読者の方が読まれて両方を読まれた感想はいかがだろうか。大抵の報告書は結果を導きだす導線が描かれることはないため、なぜ、そのような結論となったのか、読者も首をかしげることもあるのではないか、今回、筆者が「ITプロジェクト版失敗原因マンダラ図」を使って、結論を導き出す導線を可視化したことで、セブン＆アイと同じ答えとなっている部分も理由が腑に落ちるのではいだろうか。

（ⅴ） ステップ5：再発防止策を検討し蓄積・活用する

上述で真因となる事象が発見されれば、各社が今まで蓄積されている対応策を使用することともでき、また、新たな事象であれば、筆者が想定した対応策を参考にしていただきたい。

<＜筆者が考える対応策は次の5点＞

①【人材確保】

　電子決済アプリケーションであることから、サービス業界のセキュリティーレベルだけでなく、金融業界のセキュリティーレベルを理解した人材を確保し、アプリケーションに必要なセキュリティー水準を確保する。「かんたん」「便利」なサービスレベルの開発を行うに当たってのリスクコンティンジェンシープランを作成し、経営者は第三者による評価を確認しながら、定点チェックをおこない最大限のリスク低減を図る。

②【セキュリティー教育】

　開発メンバーだけでなく、システムに関わる全てのメンバーがセキュリティーの重要性について定期的に教育を受け、セキュリティー意識を高める。今回のケースはシステムコード（プログラム）が漏れた可能性が予見された時点で、運用開始はできない予測のもと経営者と問題点を協議のうえ、システムコード（プログラム）を再設計する。

③【情報開示】

　システムコード（プログラム）が流出した可能性がある場合、悪意者がどのような行動をとるか想像する。対処例として、漏れた事象を公開し対応策（処置）を行うことを発信することで、悪意者がシステムコード（プログラム）を入手しても利用できないと思い込ませる。また、万一の不正に備え、プログラム言語を変更するなどアクションプランを作り最悪の事態を想定した対応を行う。

④【情報発信】

　強制リセット行為は「伝家の宝刀」を抜いたと考えられるが、リセットを行うことでどこまで影響を及ぼすか想像する。対処例として、コールセンターに問い合わせが殺到することを考慮して大幅に人員を増やすだけでなく、時間を最大限に延長し丁寧に対応する。

また、既存店舗の影響が避けられないため、店舗入り口で特設コーナーを設置し対応している姿をメディアに公開し、お客様を大切に思っている姿を明確に宣伝することで、失った信頼を再構築する。

＜まとめ＞

今回、本件の報告書で発表されたものと「ITプロジェクト版失敗原因マンダラ図」から考える真因への対応は違っていることが分かる。報告内容は、該当プロジェクトの事象だけに沿ったものである。失敗全体が記載されている「ITプロジェクト版失敗原因マンダラ図」を使うことで、本来見えなければならない事が関係者の知識に関係なく見えてくる点が違うことをお伝えしておきたい。

では、上述の順序を参考に次の事例を考察してみる。

（ii）NTTドコモ【ドコモ口座】

＜DX戦略＞

　NTTドコモが展開しているサービスでありながら、他の携帯電話会社（キャリア）のユーザーでも利用できる幅広いユーザーの獲得を狙うもの。

＜ドコモ口座とは＞

　NTTドコモが展開する電子決済サービス。銀行の口座からドコモ口座にお金をチャージすることで、「d払い」を使って買い物・送金ができる。2011年に始まったサービスで、2019年9月からNTTドコモ利用者以外にも登録を開放した。

＜失敗事象＞

　2020年9月に、ドコモ口座を使った不正利用が広がっていることが判明した。具体的には、銀行口座から口座の持ち主が知らない間に「ドコモコウザ」や「デイーバライ」名義で第三者のドコモ口座にチャージされているというもの。銀行口座の持ち主がドコモ口座を使っているかどうかは関係なかった。NTTドコモによると、第三者が銀行口座番号やキャッシュカードの暗証番号などを不正に入手し、ドコモ口座に銀行口座を新規に登録することで不正利用されたと見られる。不正利用に使われたドコモ口座はNTTドコモユーザーのものではなかった。

　2020年10月15日までに判明した被害件数は127件、総額2850万円に上った。

　NTTドコモによると不正利用の手口は以下のようだったという。ただし、銀行口座の暗証番号などを犯人がどのように入手したかは明らかになっていない。

①犯人は被害者の銀行口座情報を入手
②被害者になりすましてドコモ口座を開設
③不正に入手した被害者の銀行口座情報を使って連携
④ドコモ口座にチャージ
⑤商品を購入

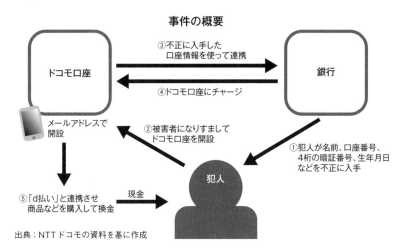

事件の概要

出典：NTT ドコモの資料を基に作成

　このような犯行が可能になった理由として、NTT ドコモがドコモ口座の開設を NTT ドコモ回線のユーザー以外に広げたことがある。NTT ドコモ回線は開通するときにユーザーの本人確認を行っているが、他回線ユーザーに広げたときにメールアドレスだけで口座を開設できるようになった。銀行側は本人確認をドコモ側が行っていると思っていたので、そこにセキュリティーの穴が生じていた。
　ドコモ口座の機能は 2021 年 10 月に「d 払い」アプリに統合され、サービスの名前としては終了した。

＜失敗学考察＞
　それでは第 1 章で説明した順に失敗の原因をリストアップしていく。

（ⅰ）**ステップ1:**「ITプロジェクト版失敗原因マンダラ図」から全ての失敗原因を抽出する。

＜失敗の原因を検討したものを一覧化したイメージ＞

			失敗の原因と思われる事象
個人	無知	知識不足	通信業界では、「早くつなぐ」ことと、「安全」「安心」が同じレベルで議論されてしまった。
		経験不足	幅広いユーザー獲得を狙うことを優先し、他の業界での安全確保への配慮ができなかった。
		引き継ぎ不良	
	不注意	疲労・体調不良	
		注意不足	
	誤判断	状況把握不足	
		誤った情報	
		誤った理解	通信業界では、「早くつなぐ」ことと、「安全」「安心」が同じレベルで議論されてしまった。
		狭い視野	幅広いユーザー獲得を狙うことを優先した結果、「安全」と「安心」が違うことを理解できていなかった。
	手順の不順守	手順無視	
		周知不足	
		想像力不足	提携する銀行はNTTドコモという大手が実施していることなので、「安全」に実施してくれるのであろう。とユーザーではなく銀行が「安心」してしまい想像すること、予期せぬ事態を考えることを放棄してしまった。
		形骸化	
プロジェクト	企画計画不良	目的不良	
		重要性の認識誤り	銀行はNTTドコモのためにあるのではく、預金者（ユーザー）のためのものであることを忘れてしまい、NTTドコモのサービス検証を怠ってしまった。
		スコープ不良	
		体制・役割不良	
		見積もり不良	
		コミュニケーション計画不良	
		スケジュール不良	
		委託先選定不良	
		契約条件不良	
	調査・検討不足	現行業務フロー調査不足	
		技術調査不足	「メールアドレスのみでOKとなる仕組み」とした場合、どのように「安全」を確保できるのか、そこにリスクはどの程度介在しているのか、調査を怠った。
		システム影響調査不足	「メールアドレスのみでOKとなる仕組み」で連携されたあと、どのようにユーザーが振る舞うのか、もしもの場合、銀行としてどのように対処するのかの影響を見極めておらず、NTTドコモの構想に乗ってしまった。
		業務検討精度不良	

			失敗の原因と思われる事象
プロジェクト	プロジェクト運営不良	移行検討不足	
		構成員不良	
		コミュニケーション管理不良	
		品質管理不良	「品質」はNTTドコモが考えること、品質を管理することを放棄してしまった。
		コスト管理不良	
		進捗管理不良	
		リスク管理不良	NTTドコモの構想に対し、リスク点を洗い出すことはできたはずであるが、それよりもNTTドコモとの関係性を重視してしまった。
		課題管理不良	
		変更管理不良	
		構成管理不良	
組織	環境変化への対応不良	運営の硬直化	過去、NTTドコモとの協業で「うまみ」を得てしまったために、次もよろしく、という関係になってしまった。そういう時は現場に緊張感がなくなるため、経営者は危機感を感じて、第三者による牽制を行うべきであるが、NTTドコモとの関係を優先してしまった。
		ソフト・ハード環境変化	現在はスマートフォン1つですべてのことができてしまう時代であるため、「早くつなぐ」ことと、「安全」「安心」が同じレベルではない。
		システム使用方法の変化	「メールアドレスのみでOKとなる仕組み」の場合は、せめて「携帯電話番号の入力」を求めるなど、システムとしてとれる対策を講じることができなかった。ユーザー操作の簡略化が幅広くユーザーを獲得するための手段となってしまった。
		経済環境変化	
		年齢	
		法令変化	
	価値観不良	標準化不足	
		教育不足	「安心」と「安全」が違うものであるという教育を行っていないため、ユーザーの利便性向上だけに作用してしまった。
		ノウハウ蓄積不足	銀行との過去の連携成功による成功体験だけを重視してしまったため、他社の動向など広く知見を取り入れるなど柔軟性が欠けた。
		安全意識の不良	
		文化・常識の違い	
		組織文化の不良	
		セキュリティー意識不足	「メールアドレスのみでOKとなる仕組み」であれば、ユーザーは「安心」「安全」なのだろうか、という観点で検討を行う必要があるが、過去の成功体験が邪魔をしてしまった。リスクへの配慮が緩んでいると判断するのは経営者である。そういう時こそ社外取締役など第三者を有効に活用すべきである。
		間違った顧客志向	ユーザーは「早くつなぐ」ことを期待しているが、「安全」「安心」がベースにあることを忘れてしまった。
		成果至上主義	
		プロジェクト外の利権争い・駆け引き	

			失敗の原因と思われる事象
未知	未知	未知の事象発生	
		異常事象発生	

　以上、全ての原因について考察したあと、「ITプロジェクト版失敗原因マンダラ図」に丸を付けてみると下記のようなイメージ図となる。

＜失敗の原因と想定したものをマンダラ図に記載したイメージ＞

　下図のように17項目が選定される。

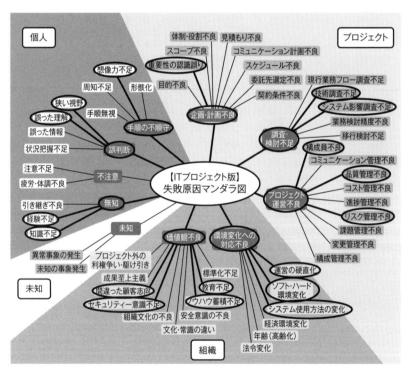

（ⅱ）**ステップ2：抽出した失敗原因を集約する**

　今回はグループはなく一人による分析なので、割愛する。7pay
の項と同様の作業になる。

（ⅲ）**ステップ3：失敗原因を整理する**

　今回は一人による分析で、7payの項と同様の作業になるので、
こちらも割愛する。

（ⅳ）**ステップ4：真の失敗原因を特定する**

＜ステップ3で討議した内容を連関図としたイメージ＞

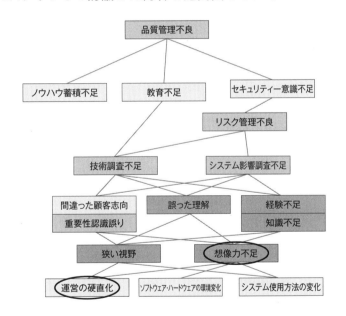

＜直接的な問題点＞
【①】幅広くユーザーを獲得するため、インターネットで提携する
　　　銀行でドコモ口座を開設する場合は携帯電話番号の入力は求

められず、メールアドレスのみでOKとなる仕組みであった。

【②】悪意者は①を使って知らないうちにドコモ口座を開設し、銀行の口座からドコモ口座にチャージする形で不正に預貯金を引き出した。

<筆者が考える今回の問題点>

①「ドコモ口座」サービス開始時点で成功した経験で、継続的にセキュリティーレベルを向上しなくなった。【想像力不足】

②提携する銀行の多くはNTTドコモがセキュリティー対策を行うもの、と判断し対応しなかった。【運営の硬直化】

<筆者が考える対応策>

①サービスのセキュリティーレベルは常に進化させていくことが求められているので、定期的なチェックだけでなく、世界で起こっているセキュリティー事故を<対岸の火事>とすることなく、自社のサービスでも起こりうると想像し、対応策を協議できる会議体を開催できる準備をしておく。

②提携の銀行の多くは、「NTTドコモがセキュリティーを維持してくれる」と勝手な解釈を行った結果、セキュリティーへの投資を行わなかった。その中でも一部の銀行は、万一に備えセキュリティーレベルを上げていたことで被害が発生していない。業界だけをみるのではなく、常に発生するリスクに備えておくことで、被害を最小化させる。

<まとめ>

今回、報告書で発表されたものと厚生労働省の資料から「ITプロジェクト版失敗原因マンダラ図」で真因を考察してみると、過去の成功体験は「大きなミス」を誘発する壁となり、リスクを想定す

る場合に思考を停止させる悪材料や気の緩みとなることがよく分かった。このようなときこそ経営者は皆の士気を高めるために冷静に取り組まなければならない。そういうときのために社外取締役が第三者としての力を発揮するのだと筆者は考えている。第三者は常に客観性を保ち、冷静さを失ってはいけない、これこそ、第三者がリスク点を見出し意見すべき事案であったと考える。

＜事例から【他山の石】としていただきたいこと＞

　顧客のためにできるだけ要望を聞き入れるのは素晴らしいことである。しかし、そのためにビジネスモデルを変更し収益を悪化させた結果、事業が行き詰まり、撤退となってしまった。

（ⅲ）みずほフィナンシャルグループとLINE 【LINE Bank】

＜DX戦略＞

　「『LINE』とリンクした、親しみやすく利用しやすい"スマホ銀行"」（LINEのプレスリリース）の提供を目指した。スマートフォンのLINEアプリの上で完結できるサービスになる予定だった。日経FinTechの記事によるとキャッシュカードは発行されず、銀行の店舗やATMも持たないオンライン専門の銀行だった。

＜LINE Bankとは＞

　2018年11月にLINEとみずほフィナンシャルグループが発表した新銀行で、2020年度の開業を目指していた。2019年5月には準備会社「LINE Bank設立準備株式会社」を設立した。議決権比率はLINE Financialが51％、みずほ銀行が49％だった。LINEがユーザー・インターフェースなどのサービス開発やマーケティングを行い、みずほ銀行は監督官庁の対応などコンプライアンスを担う。

　LINEはQRコード決済のLINE Payなどスマートフォンを使った金融系のサービスに積極的に取り組んでおり、その一環として銀行設立を狙っていた。一方、みずほ銀行はLINEのメインバンクであり、

オンライン専業銀行を保持していないことから、LINEとの協業は魅力的だった。どちらにとっても魅力のある提携と見られた。

＜失敗事象＞

　当初は2020年度の開業を目指していたが21年2月には22年度中の開業と最大2年間延期した。理由はシステム開発の遅れと見られた。巻き返しのため親会社2社がそれぞれ追加出資をし、双方50％の議決権比率となった。

　新銀行の勘定系システムは富士通が受注して、構築を進めていたが、22年10月には富士通から韓国バンクウェアグローバルのパッケージソフトに変更になったことが明らかになった。日経クロステックの記事によると「勘定系システムと銀行間送金を担う『全国銀行データ通信システム（全銀システム）』を接続するための機能開発に想定を大きく上回るコスト負担が発生する見通しになったことなどが理由」だという。LINEは台湾でバンクウェアグローバルのパッケージを使った銀行を開業しており、その稼働実績が買われた。

　この間、21年3月にLINEはヤフーを有するZホールディングスと経営統合しており、並行してLINE PayをZホールディングスのPayPayと統合する取り組みも進められていた。一方、みずほ銀行は21年2月にATM障害で大きなトラブルになったのを皮切りに21年内に9回ものシステム障害を起こし、社会的にも大きな問題になった。みずほフィナンシャルグループの社長や最高情報責任者（CIO）、みずほ銀行の頭取が辞任することになり、戦略の停滞も招いた。

　23年3月30日に両社はプロジェクトの中止を発表した。「安全・安心で利便性の高いサービス提供にはさらなる時間と追加投資が必要で、お客さまの期待に沿うサービスの提供が現時点では見通せない」と、その理由を説明している。

時期	概要
2018年11月	LINEがみずほフィナンシャルグループと組んで銀行業に参入すると表明。2020年度中の開業を目指す
2020年秋ごろ	富士通と進めていた開発プロジェクトが頓挫
2021年2月	新銀行の開業時期を最大2年延期すると発表。LINE Financialとみずほ銀行が新銀行の準備会社に追加出資 みずほ銀行でATM障害。21年内に合計9回の障害を起こす
2021年3月	ZホールディングスとLINEが経営統合
2021年4月	LINE Bank Taiwanが開業。韓国バンクウェアグローバルのパッケージを採用し、勘定系システムを構築
2022年7月	新銀行と全銀システムの接続を予定していたが、延期
2023年3月	新銀行を中止と発表

日経クロステックの記事をベースに筆者が追記

<失敗学考察>

それでは第1章で説明した順に失敗の原因をリストアップしていく。

（ⅰ）ステップ1:「ITプロジェクト版失敗原因マンダラ図」から全ての失敗原因を抽出する。

<失敗の原因を検討したものを一覧化したイメージ>

			失敗の原因と思われる事象
個人	無知	知識不足	
		経験不足	
		引き継ぎ不良	経営環境変化（LINE：ZホールディングスとLINEの経営統合、みずほ銀行：システム障害を経て経営陣が一斉交代）により、人員の入れ替わりが多く発生し、当初の思想が引き継がれなくなった。
	不注意	疲労・体調不良	
		注意不足	
	誤判断	状況把握不足	経営環境の変化や安全性への要求の高まり（個人情報の保護やサイバーセキュリティー意識の高まり、経済安全保障、マネーロンダリング対策）を捉えることができなかった。
		誤った情報	すぐにでも開業できるとの情報で経営者も含め進めてしまった。先行している企業の情報の分析が甘かった。
	誤判断	誤った理解	
		狭い視野	関係者以外の第三者機関からの評価を使った情報を多角的に集めた上で判断されていなかった。
	手順の不順守	手順無視	
		周知不足	

			失敗の原因と思われる事象
個人	手順の不順守	想像力不足	先行している企業がLINK Bankの開業を察知した場合にとる行動を想像しきれなかった。社会情勢やセキュリティー環境も変化がある想定で、リスク検証すべきであった。
		形骸化	
プロジェクト	企画計画不良	目的不良	
		重要性の認識誤り	「開業までの時間」が最重要であったと思われる。もたついている間に経営環境の変化の変化が起こり、安全性への要求の高まり、やるべきことが増えて、開業する士気が萎えてしまった。
		スコープ不良	
		体制・役割不良	
		見積もり不良	「開業までの時間」の見積もりを誤った。多角的にシミュレーションを行い、ベストミックスを検討すべきであった。
		コミュニケーション計画不良	
		スケジュール不良	「開業までの時間」のスケジュールが策定できなかった。経営者はここに多くの時間を割いて検討すべきであった。
		委託先選定不良	
		契約条件不良	
	調査・検討不足	現行業務フロー調査不足	
		技術調査不足	「開業までの時間」がかかると、昨今の情報セキュリティー事情を勘案すると様々な技術が出てくることは織り込んでおく必要があり、情報技術のモニタリングも遅れてしまった。
		システム影響調査不足	「開業までの時間」がかかると、技術を変更することもあり得るので、開業が遅れたことでやるべきことが増えてしまうため、情報技術のモニタリングからの影響調査も遅れてしまった。
		業務検討精度不良	
		移行検討不足	
	プロジェクト運営不良	構成員不良	
		コミュニケーション管理不良	
		品質管理不良	
		コスト管理不良	
		進捗管理不良	経営環境の変化が発生すると、進捗スケジュールが遅延・停滞してしまい、先が見通せなくなり、開発メンバーの士気が萎えてしまった。
		リスク管理不良	経営環境の変化や安全性への要求の高まりなど、自然災害のリスクも含めて勘案したリスク想定ができていなかった。
		課題管理不良	リスク想定ができてなかった場合、課題管理もできていないかった可能性がある。どこが課題であるかが分からないといったコントロールを失うケースも起こったと思われる。
		変更管理不良	経営環境の変化や安全性への要求の高まりなどが発生した場合、いったん開発を止め責任者がしっかりと行うべき変更点を把握しなければならなかった。
		構成管理不良	

			失敗の原因と思われる事象
組織	環境変化への対応不良	運営の硬直化	関係者間の不安（企業として：収益が確保されるのか、ニーズ：必要とされているか）が経営側を圧迫していった。
		ソフト・ハード環境変化	システムベンダーの乗り換え（勘定系システムの開発を富士通から韓国の業者に切り替え）を行うことで開業を早めようとしたが、思惑が外れた。
		システム使用方法の変化	システムベンダーの乗り換えが起こったということは設計思想も想定を変えなければならず、テスト工程においては人員の見直しや教育体制など大きく変化することまで想定できていなかった。大規模なシステムは大きな船と同じで、少しずつ舵をきらないと思ってもいないことが発生することを責任者が把握できなかった。
		経済環境変化	LINEとみずほ銀行の経営基盤が大きく変化した。
		年齢	
		法令変化	個人情報の保護やサイバーセキュリティー意識の高まり、経済安全保障、マネーロンダリング対策に配慮しなくてはならず、コストが増大した。
	価値観不良	標準化不足	
		教育不足	
		ノウハウ蓄積不足	
		安全意識の不良	開業が遅れたことで、安全の基準が変わってしまった。
		文化・常識の違い	
		組織文化の不良	
		セキュリティー意識不足	開業が遅れたことで、世間のセキュリティー意識が変わってしまった。
		間違った顧客志向	安全性への要求の高まりにどんどん応えようとするとイタチごっこになってしまい、いつまでたっても要求を満たすことができないことを決断できなかった。
		成果至上主義	
		プロジェクト外の利権争い・駆け引き	当初LINEが51％を保有する形で進められることとなったが、経済環境変化によって思惑が一致しなくなった。
未知	未知	未知の事象発生	
		異常事象発生	

　以上、全ての原因について考察したあと、「ITプロジェクト版失敗原因マンダラ図」に丸を付けてみると下記のようなイメージ図となる。

下図のように23項目が選定される。

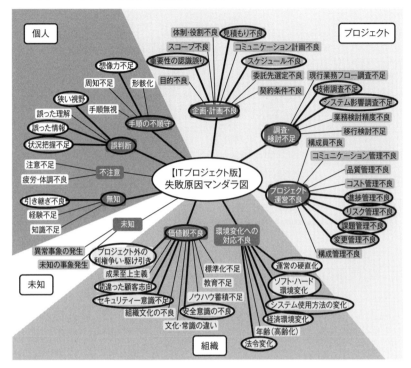

（ⅰ）**ステップ1**：「ITプロジェクト版失敗原因マンダラ図」から全ての失敗原因を抽出する。

（ⅱ）**ステップ2**：抽出した失敗原因を集約する
　今回は一人による分析なので割愛する。

（ⅲ）**ステップ3**：失敗原因を整理する
　同様に割愛する。

（ⅳ）**ステップ4**：真の失敗原因を特定する

<ステップ3で討議した内容を連関図としたイメージ>

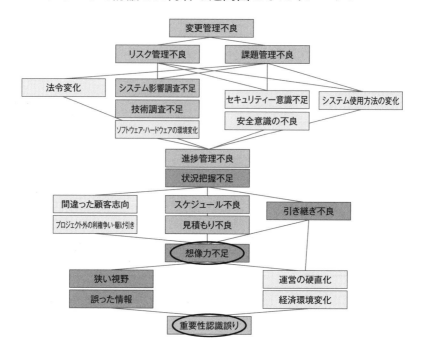

<直接的な問題点>

【①】構想の発表から開業に向けて4年以上経過（当初開業時期20年度から2年先送り）してしまった。

【②】システムベンダーの乗り換えがうまくいかなかった。

【③】安全性への要求の高まりが想定できていなかった。

【④】経営環境の変化が発生した。

<筆者が考える今回の問題点>

①「LINE Bank」の開業に向けて一番重要な「時間」が認識・共有されていなかった。【重要性の認識誤り】

②経営環境の変化した時点、安全性への要求の高まりでプロジェク

トを止め、経営者へステアリングコミッティを行い、進むべき道
を探る想像力がなかった。【想像力不足】

＜筆者が考える対応策＞

①今回のケースは「開業までの時間」が最重要であったと思われる。
　開発が停滞している間に経営環境の変化が起こり、安全性への
　要求の高まりに対して、やるべきことが増えて、関係者を含め、
　やるべきことに対して開業する士気が比例するかのように萎え
　てしまったと思われる。プロジェクトを成功させるのも失敗さ
　せるのも人であることを認識し、経営者が重要な分岐点では開
　発メンバーを鼓舞しながら士気を高めること。

②システムを理解していない経営者はシステムベンダーの乗り換え
　を安易におこなってしまいがちである。システムベンダーの乗り
　換えが起こったということは設計思想も想定を変えなければな
　らず、テスト工程においては人員の見直しや教育体制など大き
　く変化することまで想定できていなかったと思われる。大規模
　なシステムは大きな船と同じで、少しずつ舵をきらないと思っ
　てもいないことが発生することを責任者は把握しておくこと。

③関係者間の不安（企業として：収益が確保されるのか、ニーズ：
　必要とされているか）を振り払うだけの好材料を見い出すこと
　ができなかった。

④想定されたリスクを超える問題が発生した場合は経営者へステア
　リングコミッティを開催し、経営者からの明確なメッセージがプ
　ロジェクトへ伝わらなかった

＜まとめ＞

　今回、メディアで報告された内容から「ITプロジェクト版失敗
原因マンダラ図」で真因の検討を行ったが、コミュニティツールと

銀行のアライアンスは世間の注目度も高くデジタルトランスフォーメーションとして様々なメディアからも大きく取り上げられていた。しかし、その後の経営環境の変化を皮切りにLINEとみずほ銀行は本来、＜手段＞であった「LINE Bank」を＜目的＞にしてしまった。本来の目的はLINEのもつユーザー層に向けた新しいビジネス市場の開拓であったと思われる。時間が長く経ってくると、どうすれば「LINE Bank」が開業できるのか、と、いうことへ思考がシフトしていくことは容易に想像がつく。それを防ぐにはリスク管理の責任者が、ベクトル修正を行うため、経営者へステアリングコミッティの開催を進言し、そのステアリングコミッティで「軌道修正」をうまくできれば開発メンバーの士気も保たれたのではないか、筆者はとても残念に感じている。

　また、上記にも記載しているが、システムベンダーの乗り換えは相当な覚悟で行わなければならないが、きっと、経営環境の変化の渦の中で、乗り換え案が出て、プロジェクト運営メンバーも大幅に変更となり、イエスマンだけで乗り換えが承認されてしまいリスクには目をつぶる結果となったのであろう。筆者の経験からベンダーの乗り換えは「失敗」する。うまくいったケースは聞いたことがない。経営者であれば、他の経営者とコミュニケーションを行う場もあるはずであるが、なぜ聞いたりしないのか、また、第三者機関を使って調査してもよかったのではないかと考える。読者が経営者の場合、ベンダーを変えることには慎重の上にも慎重を期してほしい。

（ⅳ）ダイニングイノベーション【ブルースターバーガー】

＜DX戦略＞

　コロナ禍の真っただ中だった2020年11月に開業したハンバーガーショップ。人と人が交わらない販売形態を目指し、スマートフォンだけでオーダーや決済を行うモバイルオーダーを全面的に採用した。商品の受け取りも完全非接触で実現した。

受け取りの棚（出典：ダイニングイノベーションのプレスリリース）

＜ブルースターバーガーとは＞

　一人焼肉店としてチェーン展開している「焼肉ライク」などを手掛けるダイニングイノベーションの子会社が運営するハンバーガーショップ。第1号店の中目黒店は、オリジナルアプリまたは店頭のタブレットで商品の注文・決済をキャッシュレスで行い、店頭にあるピックアップ専用棚よりセルフで商品を受け取る仕組みで、まさに人と人が交わらない新しい販売形態を実現した。

ハンバーガー 1つが170円（税別）と非常に安く、モバイルオーダーとテイクアウト専門で人件費や家賃が浮く分、原価率を68％と非常に高くした。焼肉ライクなどの経験を生かして冷凍しないビーフ100％のパテを使うことを売りにしていた。また、無駄な在庫や廃棄を省く「リミテッド・サプライ・スタイル」のためにメニュー数を絞り、売り切れ次第販売終了という形態を取った。

　2021年5月からフランチャイズ加盟店の募集を始め、将来は2000店舗展開を目指すとしていた。

＜失敗事象＞

　日経ビジネスの記事「切れた『モルヒネ』　外食に真の危機が訪れる」によると、フランチャイズを増やすために店舗がにぎわっている様子を演出しようとしたことが歯車の掛け違いになっていったようだ。客席をもうけ、現金が使えるセルフレジを置き、バーガーのサイズを大きくして値段を上げた。

　これが、自らの強みを失う「改悪」となった。消費者からすれば、利便性も、「手ごろな価格でおいしい」という特徴もなくなってしまったのだ。客足が次第に遠のいていく。

　さらに、会員データを失うという痛恨も重なった。新たに追加した現金対応のセルフレジと注文情報を統合するために、スマホ注文アプリを作り直す必要に迫られたのだ。3万人まで増えた会員データとその注文履歴を一気に失ってしまった。アプリを再インストールして会員情報を登録してもらうところから始めることになり、過去の来店客に再来店を促すといった戦術も取れなかった。

（日経ビジネスの記事より）

結局22年7月には1号店も閉店して、全店舗が撤退となった。

＜失敗学考察＞

それでは第1章で説明した順に失敗の原因をリストアップしていく。

（ⅰ）**ステップ1**：「ITプロジェクト版失敗原因マンダラ図」から全ての失敗原因を抽出する。

＜失敗の原因を検討したものを一覧化したイメージ＞

			敗の原因と思われる事象
個人	無知	知識不足	
		経験不足	
		引き継ぎ不良	
	不注意	疲労・体調不良	
		注意不足	
	誤判断	状況把握不足	「ブルースターバーガー」がユーザーに受け入れられたビジネスモデル「スマホアプリからの注文による完全キャッシュレス」「テイクアウト専門のプチグルメバーガー」「ピックアップ専用棚よりセルフで商品を受け取り」を出店加速に伴い安易に変更してしまった。
		誤った情報	ユーザーは並ばずに商品を購入できたのに、盛況感をだすためには一定数のユーザーを並ばせることが最良であり、ニュースになると誤解してしまった。
		誤った理解	出店加速のためにビジネスモデルを変更してもユーザーは離れないと過信してしまった。
		狭い視野	メディアの声をユーザーの声と認識してしまい、自分たちの利益を優先した取り組みに終始した結果、ユーザーが離れた。
	手順の不順守	手順無視	
		周知不足	ビジネスモデルを変更するのであれば、周到にユーザーを巻き込むなど土壌を醸成しなければならないが、ユーザーが見えなくなってしまった。
		想像力不足	ユーザーが「ブルースターバーガー」に期待していること、他社ではなく「ブルースターバーガー」だから喜ばれていることを追求することができなかった。
		形骸化	
プロジェクト	企画計画不良	目的不良	
		重要性の認識誤り	
		スコープ不良	多店舗への展開時にビジネスモデル「スマホアプリからの注文による完全キャッシュレス」「テイクアウト専門のプチグルメバーガー」「ピックアップ専用棚よりセルフで商品を受け取り」を転換してしまった。

			敗の原因と思われる事象
プロジェクト	企画計画不良	体制・役割不良	
		見積もり不良	
		コミュニケーション計画不良	
		スケジュール不良	ビジネスモデルの変更には多くの時間をかけなければならないが、出店計画を遅らせることによる、短期的な収益の悪化を恐れてしまった。
		委託先選定不良	
		契約条件不良	
	調査・検討不足	現行業務フロー調査不足	
		技術調査不足	
		システム影響調査不足	そもそも「スマホアプリからの注文による完全キャッシュレス」だったのに、新たに追加した現金対応のセルフレジと注文情報を統合するために、スマホ注文アプリを作り直す必要に迫られ、3万人まで増えた会員データとその注文履歴を一気に失ってしまった。
		業務検討精度不良	「テイクアウト専門」のはずが、座席を置くことになり、店舗の規模も変更する場合は、現場の業務オペレーションが大きく変更となり、ユーザーだけでなくオペレーターも混乱した。
		移行検討不足	
	プロジェクト運営不良	構成員不良	「スマホアプリからの注文による完全キャッシュレス」を現金にも対応し、持ち帰り専用から店舗で食事ができるように変更する場合は、オペレーターへのマニュアルなど長期間かけて教育しなくてはならないのに、会議室だけで変更を決定してしまった。
		コミュニケーション管理不良	
		品質管理不良	
		コスト管理不良	「スマホアプリからの注文による完全キャッシュレス」を現金にも対応し、持ち帰り専用から店舗で食事ができるように変更する場合のコストの算出をオペレーターまで含んで算出できていなかった。
		進捗管理不良	
		リスク管理不良	「ブルースターバーガー」がユーザーに受け入れられたビジネスモデル「スマホアプリからの注文による完全キャッシュレス」「テイクアウト専門のプチグルメバーガー」「ピックアップ専用棚よりセルフで商品を受け取り」を変更する場合のリスク算出を誤った。
		課題管理不良	「スマホアプリからの注文による完全キャッシュレス」「テイクアウト専門のプチグルメバーガー」「ピックアップ専用棚よりセルフで商品を受け取り」のビジネスモデルにユーザーから一定の改善要望があったと思われる。しかし、いつまでにどのように対応していくことが最良であるか、パターンを複数作成し、シミュレーションする必要があった。要望に全て応えることが良いことではなく、「変更しない」ことを「ブルースターバーガー」の売りにしてもよかった。
		変更管理不良	
		構成管理不良	

			敗の原因と思われる事象
組織	環境変化への対応不良	運営の硬直化	
		ソフト・ハード環境変化	
		システム使用方法の変化	
		経済環境変化	
		年齢	
		法令変化	
	価値観不良	標準化不足	
		教育不足	
		ノウハウ蓄積不足	
	価値観不良	安全意識の不良	
		文化・常識の違い	
		組織文化の不良	
		セキュリティー意識不足	
		間違った顧客志向	ユーザーの要望をできるだけ反映しようとしたために、ビジネスモデルまで変更してしまった。ユーザーは十人十色であるため、全て受け入れていては、ビジネスとならない。また、ユーザーも慣れがあるので、「ブルースターバーガー」の姿勢を貫くことで一定のユーザー層は獲得できた可能性がある。
		成果至上主義	
		プロジェクト外の利権争い・駆け引き	
未知	未知	未知の事象発生	
		異常事象発生	

　以上、全ての原因について考察したあと、「ITプロジェクト版失敗原因マンダラ図」に丸をつけてみると下記のようなイメージ図となる。

下図のように15項目が選定される。

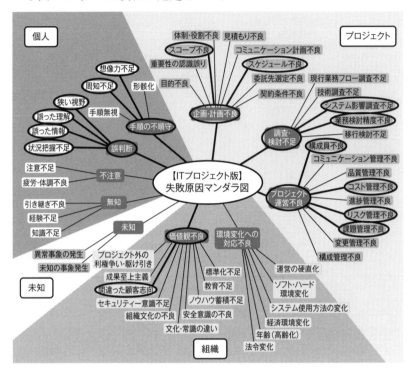

（ⅰ）**ステップ1**：「IT プロジェクト版失敗原因マンダラ図」から全
ての失敗原因を抽出する。

（ⅱ）**ステップ2**：抽出した失敗原因を集約する
今回は一人による分析なので割愛する。

（ⅲ）**ステップ3**：失敗原因を整理する
同様に割愛する。

（ⅳ）**ステップ4**：真の失敗原因を特定する

＜ステップ3で討議した内容を連関図としたイメージ＞

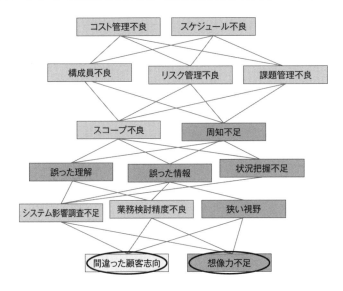

＜直接的な問題点＞

【①】「完全キャッシュレス化」「テイクアウト専門店」という事業
　　モデルを撤回したことで、収益の確保が難しくなった。

【②】誤った事業コンセプトに基づき事業計画を行った。

＜筆者が考える今回の問題点＞

①持ち帰り専門であれば、リターン顧客の獲得が大前提であるが、
　コンビニが競争相手となることを想像できなかった。【想像力
　不足】

②店舗展開も4店舗しかできていないため、利用者のニーズが想定
　していた事業コンセプトではなかった。【間違った顧客志向】

＜筆者が考える対応策＞

①SNSのエゴサーチや購入者にアンケートを実施（アンケート回答

で次回、飲み物サービスなどの特典をつける）し、リピートし
たくなる店舗であるかを常にウオッチすることで、事業コンセプ
トが利用者のニーズを捉えているか確認すること。

＜まとめ＞

　今回、メディアで報告された内容から「ITプロジェクト版失敗
原因マンダラ図」で真因の検討を行ったが、ビジネスモデル発表当
時はDX最先端として脚光を浴びていたもので、筆者も大変注目し
ていた。真因を究明していく中で、経営者の判断が大変重要であっ
たように感じるが、経営者も人間である、周りのメンバーが一致し
て「右です」といえば、経営者が異論を唱えにくい。ビジネスモデ
ルがしっかり決まっていないもの、先進的な取り組みをしているも
のには、多くのメリットとデメリットが共存している。経営者が判
断を誤らないようにプロジェクトメンバーは選択肢を1つではな
く、考えうるできるだけ多くの選択肢を作り、メリット・デメリッ
トを伝えたうえで経営者に判断をしてもらえるようにしなければな
らない。失敗学では想定してないことも想定せよ、と伝えているが、
一人で想定できることは限られているので、意見の違う複数のメン
バーで想像力を働かせ想定していくことを勧める。

ケース 3 パンデミックなどの経済変化を軽視したことで招いた失敗

＜事例から【他山の石】としていただきたいこと＞

　事業コンセプトはとてもすばらしく未来を感じさせるものである。

　しかし、パンデミックなどの経済変化を織り込めていなかった結果、事業が行き詰まり、撤退となってしまった。

（ⅴ）三菱UFJフィナンシャル・グループ【GO-NET】

＜DX戦略＞

　グローバルオープンネットワークジャパン（GO-NET）は、三菱UFJフィナンシャル・グループが米アカマイ・テクノロジーズと合弁で開始した決済のプラットフォーム。これまで暗号資産の取引決済で多く使用されてきたブロックチェーン技術を応用し、IoT（インターネット・オブ・シングズ）の決済などに利用できる安価なサービスを確立した。暗号資産の取引はビットコインで1秒当たり7件などとかなり低速だが、GO-NETは毎秒100万件超と極めて高速であった。大量の少額決済を可能とすることで「自動車が走行している高速道路の場所をGPS（全地球測位システム）で捕捉すれば、1分ごとに課金して料金所が不要になる」（三菱UFJニコス常務執行役員の鳴川竜介CTO）とした。料金所という概念をなくし、人を介さないビジネスモデルを実現できるようなサービスを提供した。

出典：Global Open Network JapanのWebサイト

＜GO-NETとは＞

　GO-NETは高速かつ低価格な決済プラットフォームとして三菱UFJフィナンシャル・グループがコンテンツ・デリバリー・ネットワーク（CDN）事業者のアカマイ・テクノロジーズと開発したもの。暗号資産での利用で有名になったブロックチェーンの技術を利用する。アカマイが各地に持つサーバーを利用することで、これまでの中央集権的なサーバーによる決済処理と比べると劇的に低コストで実現できるとした。

　さらに、暗号資産の取引では毎秒十数件が常識的だった処理速度を、毎秒100万件という劇的な高速化を果たした。これは従来のクレジットカード決済の処理速度の限界（毎秒7万〜8万件）をはるかに超える。将来は毎秒1000万件を目指すともしていた。

　利用価格を安価にすることで、客単価が低くても顧客数を確保すれば収益を確保できるビジネスモデルを実現した。例として、あらゆるモノがネットにつながる「IoT」や車のシェアリングサービスなどにGO-NETが普及すれば、高速道路での通行料金や駐車料金の支払いなどの従量課金が安価で利用できるようになり、全国銀行データ通信システム（全銀システム）などの既存システムはコスト、処理速度の両方で太刀打ちできなくなることが想定された。

＜失敗事象＞

　2022年2月22日の三菱UFJフィナンシャル・グループの発表によると、客単価が低くても顧客数を確保することで数円単位の少額決済ができる想定であったが、パンデミックなどの経済変化により思ったほど需要が見込めなかった。いくら性能が高くて安価でも、クレジットカード会社などにとっては既存のシステムからの切り替えを行うには至らなかった。またIoTでもGO-NETの高速大容量を必要とする市場を掘り起こすことができなかった。予定していた収

益が確保できず、長期間の赤字が見込まれるため、わずか3年で事
業を見切る早期撤収を図った。

＜失敗学考察＞

　それでは第1章で説明した順に失敗の原因をリストアップして
いく。

（ⅰ）**ステップ1**：「ITプロジェクト版失敗原因マンダラ図」から全
　　ての失敗原因を抽出する。

＜失敗の原因を検討したものを一覧化したイメージ＞

			失敗の原因と思われる事象
個人	無知	知識不足	
		経験不足	客単価が低くても顧客数を確保することで数円単位の少額決済ができる想定であったが、パンデミックなどの経済変化の経験が不足していた。
		引き継ぎ不良	
	不注意	疲労・体調不良	
		注意不足	
	誤判断	状況把握不足	
		誤った情報	
		誤った理解	
		狭い視野	経営者は先端技術であるブロックチェーンを使うことで集客やイメージアップを図ることを優先し、民間企業の根幹である収益を上げることは二の次になってしまった。
	手順の不順守	手順無視	
		周知不足	
		想像力不足	ブロックチェーンを使ったビジネスモデルで少額決算顧客を対象としたのであれば、集客を落とす要因が発生した場合にビジネスモデルが成り立たなくなることを想像しなければならないが、コロナ禍で決済の件数が伸び悩んだ結果、必要な手数料収入が確保できなかった。
		形骸化	
プロジェクト	企画計画不良	目的不良	
		重要性の認識誤り	
		スコープ不良	ブロックチェーンを使ったビジネスモデルで少額決算顧客を対象とする場合、安定した別のモデルも用意しておくなど、1点張りの場合、取り返しがつかないこととなる。
		体制・役割不良	
		見積もり不良	もともと少額決算顧客を対象としたビジネスモデルなのであれば、全てブロックチェーンとしなくても、一部ブロックチェーンを取り入れるなど、採算面も考慮しておくべきであった。

			失敗の原因と思われる事象
プロジェクト	企画計画不良	コミュニケーション計画不良	
		スケジュール不良	
		委託先選定不良	
		契約条件不良	
	調査・検討不良	現行業務フロー調査不足	
		技術調査不足	
		システム影響調査不足	
		業務検討精度不良	ブロックチェーンへの切り替えを求めても、なかなか難しいということは検討段階で分かっていたと思われるが、結果として、従来のインフラからの脱却を短期間で実現できなった。
		移行検討不足	
	プロジェクト運営不良	構成員不良	
		コミュニケーション管理不良	
		品質管理不良	
		コスト管理不良	ブロックチェーンを使ったビジネスモデルで少額決算顧客を対象としたのであれば、コスト算出時に集客を落とす要因が発生した場合にビジネスモデルが成り立たなくなることを想像しなければならないが、コロナ禍で決済の件数が伸び悩んだ結果、必要な手数料収入が確保できなかった。
		進捗管理不良	
		リスク管理不良	ブロックチェーンを使ったビジネスモデルで少額決算顧客を対象とする場合、安定した別のモデルも用意しておくなど、1点張りの場合、取り返しがつかないこととなるため、コンティンジェンシープランを事前にしっかり策定し、保険をかけながら回避していく策も実施すべきであった。
		課題管理不良	課題を認識した場合、いつまでにどのような対応をすることで課題が解消されるのか、日々取り組まれておらず、定期的な尺度での判断にすがってしまった。
		変更管理不良	ブロックチェーンを従来のインフラからの脱却への変更を管理していく場合、短期間で実現できなった場合にどのようにするべきか、強制ではなく、他社がブロックチェーンへ切り替えしやすくする工夫の検討が必要であった。
		構成管理不良	
組織	環境変化への対応不良	運営の硬直化	
		ソフト・ハード環境変化	
		システム使用方法の変化	コロナ禍でのユーザー離れで新しいシステムのコストを維持できなくなった。
		経済環境変化	コロナ禍が大きく影響したことは理解できるが、リスクマネジメントとして、疫病だけでなく、戦争などで移動が困難になるなど、現在の世界情勢も加味したビジネスプランを策定できていなかった。
		年齢	
		法令変化	
	価値観不良	標準化不足	
		教育不足	

組織	価値観不良		失敗の原因と思われる事象
		ノウハウ蓄積不足	
		安全意識の不良	
		文化・常識の違い	
		組織文化の不良	
		セキュリティー意識不足	
		間違った顧客志向	大手が実施しているブロックチェーンというだけで、安心して他社が採用してくれると勘違いしてしまった。
		成果至上主義	
		プロジェクト外の利権争い・駆け引き	
未知	未知	未知の事象発生	
		異常事象発生	

　以上、全ての原因について考察したあと、「IT プロジェクト版失敗原因マンダラ図」に丸をつけてみると下記のようなイメージ図となる。

　下図のように13項目が選定される。

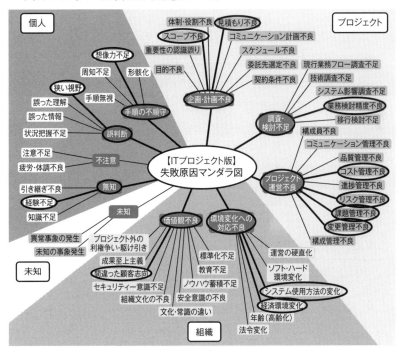

（ⅱ）ステップ2：抽出した失敗原因を集約する
　　今回は一人による分析なので割愛する。

（ⅲ）ステップ3：失敗原因を整理する
　　同様に割愛する。

（ⅳ）ステップ4：真の失敗原因を特定する

＜ステップ3で討議した内容を連関図としたイメージ＞

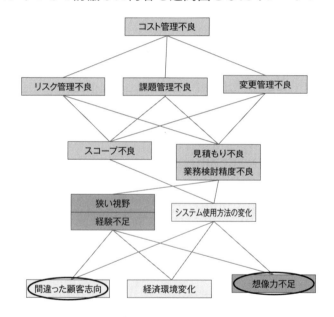

＜直接的な問題点＞
【①②】少額決算顧客を対象としていたため、コロナ禍で決済の件
　　　数が伸び悩んだ結果、必要な手数料収入が確保できなかっ
　　　た。
【②③】従来のインフラからの脱却が短期間で実現できなった。

＜筆者が考える今回の問題点＞

①既存インフラを捨てて、正しいインフラ環境に乗り換える企業が以外に少ないことを想定できなかった。**【間違った顧客志向】**

②事業計画時にパンデミックなどの経済変化を織り込まずに事業を開始した。**【想像力不足】**

＜筆者が考える対応策＞

①多くの企業は初期の開発コストに着目しているが、必要なシステムライフサイクル年数分の維持コストを想定した事業計画を策定すること。

②パンデミックなどの経済変化を想定し「回避策」を設定するなど、リスクへの事業負担を最小限にする回避手段を事前に設定したコンティンジェンシープランを事前に作成し、定期的にリスク点の見直しを行う。

＜まとめ＞

　今回、本件の報告書で発表されたものと「ITプロジェクト版失敗原因マンダラ図」から真因を考察した結果からは、ビジネスモデルに柔軟性がなかったように感じる。考え得るできるだけ多くのケースを作り、メリット・デメリットを考えていく中で、新しい展開や、他社との協業や、技術移転からM&Aまで幅広く検討しながら進めていくことを勧める。

文化の違いを軽視したことで招いた失敗

＜事例から【他山の石】としていただきたいこと＞

　多国間で事業展開を行うことは現在では当たり前になっている。しかし、事業展開前に十分に他国の文化を学ばなかった結果、事業が行き詰まり、撤退となってしまった。

（vi）OYO【OYO LIFE】

＜DX戦略＞

　世界規模にホテルや不動産事業などを展開するインドのOYO（オヨ）は2019年3月に個人向けの短期賃貸住宅サービス「OYO LIFE」を始めた。スマートフォンだけで部屋探しや契約などができる賃貸サービスで若者の需要を取り込もうとした。若者を中心に生活スタイルが変化している中で、家を買うよりも、賃貸を活用して自由に引っ越しをする生活を好む人が増えることを想定し、他国で実現しているビジネスモデルを取り入れた。

出典：OYO LIFEのWebサイト

＜OYOとは＞

インド生まれのベンチャー企業「OYO」。2013年の設立以来、OYOブランドのホテル運営を中心にホテル内の飲食事業やコワーキング事業などを世界中で手がけている。ヤフー（現Zホールディングス）と合弁でOYO TECHNOLOGY & HOSPITALITY JAPANを設立してOYO LIFEを始めた。2019年11月にはヤフーが株式を売却。その後会社名はOYO Japanを経てTabistとなっている。

＜失敗事象＞

賃貸物件オーナーには家賃保証として、入居の有無にかかわらずOYOが賃料を支払っていた。長期で借り上げを行うことにより、独占的に賃貸物件を確保することを可能とした。しかし、長期の借り上げを前提にしているため、顧客と契約できない場合はコストが常時発生してしまうことや、賃貸事業そのものが薄利多売な性質のため、事業スタート時はコスト高となり、ビジネスとして厳しいものであった。

そのため、早期にサービスの質や使いやすさ、パートナー企業と協賛することで魅力を引き出し高い稼働率を維持しようとしたが、文化の違いを最後まで埋めることができず、契約時に何度も現地確認を希望されるなど、人や時間のコストが多く発生し続けたことで、ビジネスモデルとして成り立たなくなった。

＜失敗学考察＞

それでは第1章で説明した順に失敗の原因をリストアップしていく。

（ⅰ）**ステップ1**：「ITプロジェクト版失敗原因マンダラ図」から全ての失敗原因を抽出する。

＜失敗の原因を検討したものを一覧化したイメージ＞

			失敗の原因と思われる事象
個人	無知	知識不足	
		経験不足	「契約手続きのデジタル化」という言葉の聞こえはいいが、ユーザーはどうしても現地確認したいはずである。そこを解消する手段（例えば、周辺地域の朝・昼・晩がどのような風景となるのか、また、日本には四季があるため、春・夏・秋・冬の様子なども現地に行かずに分かる方法など）が思いつかなかった。
		引き継ぎ不良	
	不注意	疲労・体調不良	
		注意不足	
	誤判断	状況把握不足	
		誤った情報	日本にはグローバルなビジネスモデルを取り入れやすいと思い違いをしてしまった。
		誤った理解	
		狭い視野	
	手順の不順守	手順無視	
		周知不足	
		想像力不足	外国企業からの参入である場合は、日本の特性をよく理解しなれば受け入れが困難となることを事前に想像していくことが必要であり、世界のビジネスモデルを当てはめるだけでは、日本ではうまくいかない。過去、外国車が日本で失敗した例がある。それは、ごく小さなことであったが、コインを入れる場所に500円玉が入らなかったのである。外国のコインは入ったようであるが、日本の500円玉は入らなかった。しかし、発売に先駆けたインプレッションでメーカーが発言したセリフは「外国のモデルなので入らなくても仕方がない」と当たり前のように伝え、メディアもびっくりしていたことを昨日のことのように思い出す。結局その車は全く売れず、メーカーも今は完全撤退してしまった。
		形骸化	
プロジェクト	企画計画不良	目的不良	
		重要性の認識誤り	
		スコープ不良	「契約手続きのデジタル化」という事業モデルしかなかったことで収益の確保が難しくなった。
		体制・役割不良	
		見積もり不良	
		コミュニケーション計画不良	
		スケジュール不良	
		委託先選定不良	
		契約条件不良	
	調査・検討不足	現行業務フロー調査不足	
		技術調査不足	
		システム影響調査不足	

			失敗の原因と思われる事象
プロジェクト	調査・検討不足	業務検討精度不良	「契約手続きのデジタル化」をビジネスモデルとするのであれば、現地・現物でしか安心しないユーザーの多い日本を選ぶのは大変危険であることは分かっていて参入したはずである。検討精度を上げて、本当に適用できるのか判断すべきであった。
		移行検討不足	
	プロジェクト運営不良	構成員不良	
		コミュニケーション管理不良	
		品質管理不良	
		コスト管理不良	「契約手続きのデジタル化」という事業モデルを撤回したことで、収益の確保が難しくなった。
		進捗管理不良	
		リスク管理不良	現地確認など不動産決定時の不安要素を解消するための施策を充実させておくべきであった。
		課題管理不良	本格参入の前に「契約手続きのデジタル化」のプレゼッションを慎重に行うべきであったと思われる。若い人＝デジタルが好きは誤りであり、短絡的である。
		変更管理不良	
		構成管理不良	
組織	環境変化への対応不良	運営の硬直化	日本は新しいものがなかなか定着しないため、「契約手続きのデジタル化」は大きな賭けであったと思うが、世界の傾向から判断してしまったと思われる。
		ソフト・ハード環境変化	
		システム使用方法の変化	
		経済環境変化	
		年齢	
		法令変化	
	価値観不良	標準化不足	
		教育不足	
		ノウハウ蓄積不足	
		安全意識の不良	
		文化・常識の違い	異文化を日本はなかなか取り入れない傾向があるため、日本参入の場合は、日本の不動産企業をM&Aするなどして、情報を取り入れてもよかったと思われる。
		組織文化の不良	
		セキュリティー意識不足	
		間違った顧客志向	ユーザーは新しいものが好きな人ばかりでなく、保守層が圧倒的に多いと思われる。そのため、マーケティングリサーチをしっかり行い、プレ実施しながら、多くのケースを使って検討すべきであった。
		成果至上主義	
		プロジェクト外の利権争い・駆け引き	
未知	未知	未知の事象発生	
		異常事象発生	

以上、全ての原因について考察したあと、「ITプロジェクト版失敗原因マンダラ図」に丸をつけてみると下記のようなイメージ図となる。

　下図のように11項目が選定される。

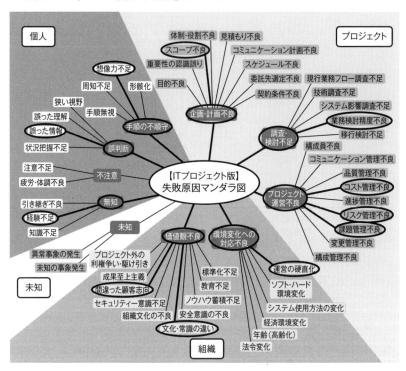

（ⅱ）ステップ2：抽出した失敗原因を集約する

　　今回は一人による分析なので割愛する。

（ⅲ）ステップ3：失敗原因を整理する

　　同様に割愛する。

（ⅳ）ステップ4：真の失敗原因を特定する

＜ステップ3で討議した内容を連関図としたイメージ＞

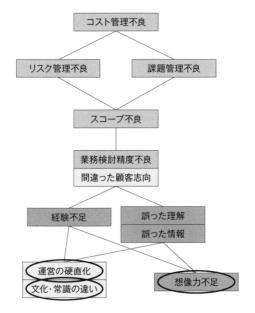

＜直接的な問題点＞

【①】「契約手続きのデジタル化」という事業モデルを撤回したことで、収益の確保が難しくなった。

【②】現地確認など不動産決定時の不安要素を解消できなかった。

【③】すべての物件の借り上げは空室期間が長くなると大きな負担となった。

＜筆者が考える今回の問題点＞

①他国の文化と日本に適用しようとしてしまった。【文化・常識の違い】

②リスク回避方法の失敗が事業基盤に大きく影響することを理解できなかった。事業基盤に影響する場合、スコープを見直した事業計画を策定しなければならない。【想像力不足】【運営の硬直化】

<筆者が考える対策>

①他国のプラットフォームをそのまま当てはめるのではなく、失敗学の三現主義「現地・現物・現人」を活用することで、机上論で検討するのではなく、実際の不動産文化を現地の営業スタッフなどの意見を確認した上でデジタル化する箇所を検討する。

②借り上げリスクのヘッジ方法として「保険」をかけておくなど、リスクへの事業負担を最小限にする回避手段を事前に設定したコンティンジェンシープランを事前に作成し、定期的にリスク点の見直しを行う。

<まとめ>

　今回、メディアで報道された内容から「ITプロジェクト版失敗原因マンダラ図」で真因を考察していったが、想像力が不足していたと思われる。どうしても日本のように四季がある国の場合、春夏秋冬で景観が大きく変化するため、そのことをよく知っている日本人はどうしても現地・現物を要求してしまう。また、日本は島国なので、ご近所がどうなっているか、騒音を含めてとても意識を集中している部分でもある。そのことから、M&Aなどで日本の不動産企業を取り込み、文化を理解しながら進めていくことで、成功できたように考える。

ケース	
5	**技術力の過信で招いた失敗**

＜事例から【他山の石】としていただきたいこと＞

　仮想通貨（暗号資産）の交換業において、新技術（ブロックチェーン）を使用し、収益性を重視した経営を行った結果、顧客の資産が不正に流出してしまい、事業廃業や想定外の出費を強いられてしまった。

（vii）MTGOX【マウントゴックス】

＜DX戦略＞

　ビットコインに代表される仮想通貨は、インターネット上で匿名性が高く、少ない手数料で送受金できることなどで利用が急増した。日本円などの通貨とビットコインとの両替などを行うのが取引所であり、ユーザーが取引所内に口座を設け、そこにビットコインや交換用の現金を預けたり、両替したりできる。マウントゴックスはその代表的なサービスだった。

出典：MTGOXのWebサイト

＜マウントゴックスとは＞

　マウントゴックスとは代表的な仮想通貨であるビットコインの取引所である。東京に拠点を構えるMTGOX社が運営していた。

MTGOXは設立当初はトレーディングカードの交換所だったが、2010年にビットコイン事業に転換した。2013年頃には世界最大のビットコイン取引所となり、世界の取引の7割以上を扱っていた。

＜失敗事象＞

2014年2月28日、MTGOXは民事再生法の適用を申請した。顧客が保有する75万ビットコインと自社保有の10万ビットコイン、このほか顧客からの預かり金も約28億円が消失したという。ビットコインの消失分は約114億円相当としていたが、当時のビットコインの取引価格で計算すると470億円程度にも上るという。

ブロックチェーンは新しい技術であり、悪者はコストをかけてセキュリティーホールを探している。使用する側も相当なコストをかけてセキュリティー強化のためのリスクヘッジをすべきであったが、自社の技術力を過信した結果、不正アクセスを許してしまった。

さらに、預かり金の消失については、発表時には原因も金額も不確かな状態で、同社の経営が相当ずさんな状態にあったことがうかがえる。

＜失敗学考察＞

それでは第1章で説明した順に失敗の原因をリストアップしていく。

（ⅰ）ステップ1：「ITプロジェクト版失敗原因マンダラ図」から全ての失敗原因を抽出する。

＜失敗の原因を検討したものを一覧化したイメージ＞

			失敗の原因と思われる事象
個人	無知	知識不足	
		経験不足	インターネットは地球上の人類すべてが使っている共通のプラットフォームだと考えると、重要な資産をインターネット上に置いて大丈夫なのかの視点が足りなかった。
		引き継ぎ不良	MTGOX側の資産と顧客側の資産を明確に区別せずに運用していることに社内で異論が出なかった。
	不注意	疲労・体調不良	
		注意不足	
	誤判断	状況把握不足	
		誤った情報	インターネット上のみで仮想通貨を管理したほうが効率的であるとの情報から管理方法を誤った。
		誤った理解	インターネットは地球上の人類すべてが使っている共通のプラットフォームなのに、自分たちだけが使える「魔法の杖」でインターネットを自由に操れると考えてしまった。
		狭い視野	
	手順の不順守	手順無視	公開するもの、手元で管理するものを順序立てて考察されていない。また、MTGOX側の資産と顧客側の資産を明確に区別せずに運用した場合、税務管理もあやふやな状態になるのは明白であったがだれも「おかしい」と言えない体制であった。
		周知不足	
		想像力不足	インターネット利用するメリットは無限大である。それはとてもよく分かるが、無限大にデメリットもあることを想像しなければ、インターネットビジネスを行ってはならない。
		形骸化	
プロジェクト	企画計画不良	目的不良	
		重要性の認識誤り	
		スコープ不良	
		体制・役割不良	経営者の自由な思想のもとで運営される企業であったようであるが、営利目的の民間企業であり、顧客（ユーザー）が信用して資産を預けていることを忘れてしまっている。社員が指摘できない体制のため、第三者機関を設定しけん制すべきであった。
		見積もり不良	
		コミュニケーション計画不良	
		スケジュール不良	
		委託先選定不良	
		契約条件不良	ユーザーとの契約上、仮想通貨の管理は厳密に行われなければならないが、効率を優先した運用を行ってしまった。
	調査・検討不足	現行業務フロー調査不足	
		技術調査不足	インターネット上のみで仮想通貨を管理する前に、他社の動向も確認すべきであった。インターネットが危ないと言われているのは、自分しか使っていない錯覚に陥ることである。悪者も一定数いる前提で利用を検討しなければならない。

			失敗の原因と思われる事象
プロジェクト	調査・検討不足	システム影響調査不足	インターネット上のみで仮想通貨を管理する前に、他社の動向も確認すべきであった。すべて自社開発であった場合は、第三者機関に脆弱性検査を依頼するなど客観性の観点が抜けていた。
		業務検討精度不良	仮想通貨管理を自社開発のアプリケーションで使用する場合、トラブルが発生することを想定し業務を止めずに運営ができる方法を想定するなど、インターネットを使う場合は考慮が必要であった。
		移行検討不足	
	プロジェクト運営不良	構成員不良	
		コミュニケーション管理不良	
		品質管理不良	品質管理体制ができておらず、トラブルシューティングを行っていなかった。自社で想定できないのであれば、第三者機関を利用することで補うことができるが、経営者としてその判断を怠った。
		コスト管理不良	
		進捗管理不良	
		リスク管理不良	新しい取り組みを行う際にリスクは必ず発生するため、リスクコンティンジェンシープランをしっかり策定しなくてはならない。プランがなぜ必要なのかというと、可視化することが一番大事なのである。なんとなくの不安が恐ろしい。そのために複数人で想定しうるリスクを洗い出すことが大事で、そのリスクに全て対応することはできないが、どう判断し、それを監視していくかが大事であることを忘れている。
		課題管理不良	
		変更管理不良	
		構成管理不良	顧客側の資産を明確に区別せずに運用していることにどうして気が付かなかったのであろうか。会計士も指摘しなければならなかった。
組織	環境変化への対応不良	運営の硬直化	
		ソフト・ハード環境変化	インターネット環境は日々刻々と変化していること認識がなかった。
		システム使用方法の変化	仮想通貨の取引技術は進歩の途中であるため、常に周りの動向にアンテナを張り、チェックしておく必要がある。
		経済環境変化	
		年齢	
		法令変化	
	価値観不良	標準化不足	仮想通貨の取引技術はまだまだ発展途上のため、標準化が難しい。だからこそ、細心の注意を払わなければならない。
		教育不足	
		ノウハウ蓄積不足	仮想通貨の取引技術はまだまだ発展途上のため、ノウハウの獲得は難しい。だからこそ、常に周りの動向にアンテナを張り、チェックしておく必要がある。
		安全意識の不良	インターネットに「安全」はない。人は自分の技術を過信した瞬間に、その基本的な思考を排除してしまう。それを防ぐための手段として第三者機関による冷静さを取り入れることをしなかった。
		文化・常識の違い	
		組織文化の不良	

			失敗の原因と思われる事象
組織	価値観不良	セキュリティー意識不足	インターネットに「安全」はない。まずその前提を忘れてしまったことが問題であり、忘れないようにするにはどうしたらよいか、客観性のある第三者機関を利用するなど検討しなかった。
		間違った顧客志向	
		成果至上主義	
		プロジェクト外の利権争い・駆け引き	
未知	未知	未知の事象発生	
		異常事象発生	

　以上、全ての原因について考察したあと、「ITプロジェクト版失敗原因マンダラ図」に丸をつけてみると下記のようなイメージ図となる。

　下図のように20項目が選定される。

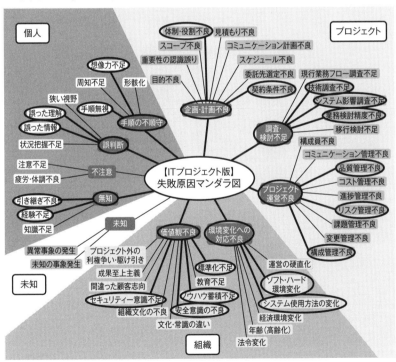

（ⅰ）ステップ1：「ITプロジェクト版失敗原因マンダラ図」から全ての失敗原因を抽出する。

（ⅱ）ステップ2：抽出した失敗原因を集約する
　今回は一人による分析なので割愛する。

（ⅲ）ステップ3：失敗原因を整理する
　同様に割愛する。

（ⅳ）ステップ4：真の失敗原因を特定する

<ステップ3で討議した内容を連関図としたイメージ>

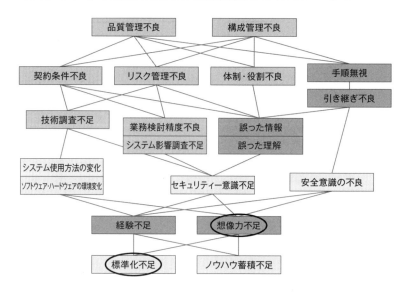

<直接的な問題点>
【①】技術上の問題：インターネット上のみで仮想通貨の管理がされている。

【②】資産管理体制：MTGOX側の資産と顧客側の資産を明確に区別せずに運用されている。

【③】だれでも仮想通貨交換業者になれる。

＜筆者が考える今回の問題点＞

①法整備が整っていない状態での新たなサービス利用は、安全が軽視された。**【安全意識の不良】**

②リスクなど問題が発生した場合に備えコンティンジェンシープランを策定した上で、どのリスクにコストを配分し、注力していくかについて、十分な議論が行われてない。**【想像力不足】**

③ブロックチェーン技術はまだまだ発展途上であるとの認識で、一つひとつセキュリティーを考慮しながらシステムを構築できなかった。**【標準化不足】**

＜筆者が考える対応策＞

①法整備が整っていない状態での新たなサービス利用は、安全が軽視される傾向にあるため、常に利用者側に不利益があると想像して利用しなければならない。

②ブロックチェーン技術は100％セキュリティーが確保されていると言われていたが、現実に不正が行えることが証明された。常にセキュリティーが100％確保されているものはないという意識で利用すること。

＜まとめ＞

今回、メディアで発表された内容から「ITプロジェクト版失敗原因マンダラ図」で真因を考察した結果、インターネットを自分自身で操れると過信してしまったことが問題であったことが分かる、インターネットを利用する場合、自分が向き合うのは目の前のパソ

コンのため、インターネット＝自分の1対1の関係と誤ってしまう。しかし地球上の人口は約80億人と言われている中でインターネットの利用者も数十億人いると考えると、安易な情報公開はできないはずなのである。まず、＜インターネットは公開されている＞ということを認識した上で物事を考えていくことが大切であり、過信しないように第三者機関を取り入れながらビジネスプランを設計していくことを勧める。

（viii）コインチェック【Coincheck】

＜DX戦略＞

Coincheckは電気料金の支払いなど日常的にビットコインを使えるなど、他の取引所と一線を画したサービスを提供した。MTGOXの破綻の後、ビットコイン以外の仮想通貨も増えていった中で、それらの取引も行う大手の取引所となった。

出典：コインチェック社のWebサイト

＜Coincheckとは＞

コインチェックが2014年8月に運営を開始したビットコイン取引所サービス。2017年4月に改正資金決済法が施行され、金融庁が取引所を登録制にしたが、それ以前からの取引所であったため「みなし業者」として、審査が終わる前でも運営を続けていた。

＜失敗事象＞

2018年1月26日、Coincheckから仮想通貨「NEM（ネム）」が、約580億円分流出したことが発覚した。外部の攻撃者が、コインチェック従業員の端末にマルウエアを感染させ、遠隔操作ツールを使ってNEMの秘密鍵を窃取。その秘密鍵を使用して外部の不審通信先にNEMを不正送金させた。

ちなみに、コインチェックは他社への見本ともいえる素晴らしい対応を実施している。発生原因の特定に情報セキュリティー関

連5社の外部専門家に調査を依頼し、通信に関するログの解析、従業員のヒアリング、端末のフォレンジック調査などを実施している。その後、2018年3月8日関東財務局から立ち入り検査が行われ、業務改善命令が発出され、コインチェック社は2018年6月18日Coincheck上における一部対象仮想通貨（XMR、REP、DASH、ZEC）の売買、入出金、保有、同社への貸し出しの廃止を決定することとなった。

＜失敗学考察＞

　それでは第1章で説明した順に失敗の原因をリストアップしていく。

（ⅰ）**ステップ1**：「ITプロジェクト版失敗原因マンダラ図」から全ての失敗原因を抽出する。

＜失敗の原因を検討したものを一覧化したイメージ＞

			失敗の原因と思われる事象
個人	無知	知識不足	
		経験不足	
		引き継ぎ不良	
	不注意	疲労・体調不良	
		注意不足	
	誤判断	状況把握不足	インターネットは「安全」という過信が働き、他社を含め情報把握を行った上で、インターネット技術を利用しなければならないことを怠った。
		誤った情報	
		誤った理解	インターネットは地球上の人類すべてが使っている共通のプラットフォームなのに、自分たちだけが使える「魔法の杖」でインターネットを自由に操れると考えてしまった。
		狭い視野	仮想通貨の世界での技術は定まっていない。そのため自分の技術を過信してしまった時点で思考が停止してしまった。
	手順の不順守	手順無視	
		周知不足	
		想像力不足	インターネットを利用するメリットは無限大である。それはとてもよく分かるが、無限大にデメリットもあることを想像しなければ、インターネットビジネスを行ってはならない。
		形骸化	

			失敗の原因と思われる事象
プロジェクト	企画計画不良	目的不良	
		重要性の認識誤り	インターネット技術は利便性に優れ、だれでも簡単にアクセスできてしまう。だからこそ、危ないものであるという認識を忘れてしまった。
		スコープ不良	
		体制・役割不良	
		見積もり不良	
		コミュニケーション計画不良	
		スケジュール不良	
		委託先選定不良	
		契約条件不良	
	調査・検討不足	現行業務フロー調査不足	
		技術調査不足	インターネット上のみで仮想通貨管理する前に、他社の動向も確認すべきであった。インターネットが危ないと言われているのは、自分しか使っていない錯覚に陥ることである。悪者も一定数いる前提で利用を検討しなければならない。
		システム影響調査不足	
		業務検討精度不良	仮想通貨管理を自社開発のアプリケーションで使用する場合、トラブルが発生することを想定し業務を止めずに運営ができる方法を想定するなど、インターネットを使う場合は考慮が必要であった。
		移行検討不足	
	プロジェクト運営不良	構成員不良	
		コミュニケーション管理不良	
		品質管理不良	品質管理体制ができておらず、トラブルシューティングを行っていなかった。自社で想定できないのであれば、第三者機関を利用することで補うことができるが、経営者としてその判断を怠った。
		コスト管理不良	セキュリティーなど運用は経営者にとっては、コストをかけたくない領域である。しかし、いったん情報が漏れた場合、致命的なこととなるため、まずはリスクコンティンジェンシープランを策定し、自社はコストをかけ何を行っていくかを判断しなければならない。
		進捗管理不良	
		リスク管理不良	新しい取り組みを行う際にリスクは必ず発生するため、リスクコンティンジェンシープランをしっかり策定しなくてはならない。
		課題管理不良	
		変更管理不良	
		構成管理不良	
組織	環境変化への対応不良	運営の硬直化	リスクについての議論をすることでなく、利益を考えることを最優先としてしまった。第三者機関を使うなど冷静に客観的な判断ができメンバーを採用すべきであった。

			失敗の原因と思われる事象
組織	環境変化への対応不良	ソフト・ハード環境変化	インターネット環境は日々刻々と変化していることの認識がなかった。
		システム使用方法の変化	仮想通貨の取引技術は進歩の途中であるため、常に周りの動向にアンテナを張り、チェックしておく必要がある。
		経済環境変化	
		年齢	
		法令変化	
	価値観不良	標準化不足	仮想通貨の取引技術はまだまだ発展途上のため、標準化が難しい。だからこそ、細心の注意を払わなければならない。
		教育不足	インターネット技術は日々刻々と変化していくため、インターネットの技術を教育するのではなく、「安心」と「安全」は違うものである。また、自己技術に陶酔することの危険性を伝える教育を行うべきである。
		ノウハウ蓄積不足	仮想通貨の取引技術はまだまだ発展途上のため、ノウハウの獲得は難しい。だからこそ、常に周りの動向にアンテナを張り、チェックしておく必要がある。
		安全意識の不良	インターネットに「安全」はない。人は自分の技術を過信した瞬間に、その基本的な思考を排除してしまう。それを防ぐための手段として第三者機関による冷静さを取り入れることをしなかった。
		文化・常識の違い	
		組織文化の不良	
		セキュリティー意識不足	インターネットに「安全」はない。まずその前提を忘れてしまったことが問題であり、忘れないようにするにはどうしたらよいか、客観性のある第三者機関を利用するなど検討しなかった。
		間違った顧客志向	
		成果至上主義	民間企業は利益を求め、ユーザーに還元することが求められているため、目先の利益を重んじて、セキュリティーを軽視してしまったことから、結果的に大きな代償を払うこととなった。
		プロジェクト外の利権争い・駆け引き	仮想通貨は大きな利益がでるためキーパーソンの入れ替わりが数多く発生する。そのため、リスクに目をつぶる傾向が多く見られる。そのため、プロジェクトと関係ない第三者機関が判断する要素を残しておかないと、最終的にユーザーに不利益が生じる恐れがある。
未知	未知	未知の事象発生	
		異常事象発生	

　以上、全ての原因について考察したあと、「ITプロジェクト版失敗原因マンダラ図」に丸をつけてみると下記のようなイメージ図となる。

下図のように20項目が選定される。

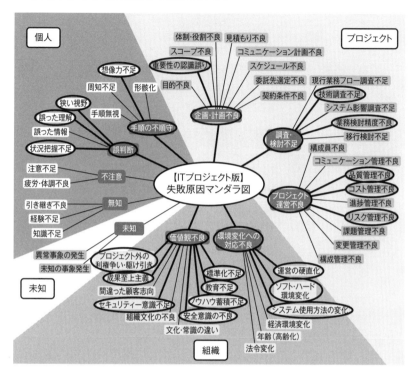

（ⅱ）ステップ2：抽出した失敗原因を集約する

　今回は一人による分析なので割愛する。

（ⅲ）ステップ3：失敗原因を整理する

　同様に割愛する。

（ⅳ）ステップ4：真の失敗原因を特定する

<ステップ3で討議した内容を連関図としたイメージ>

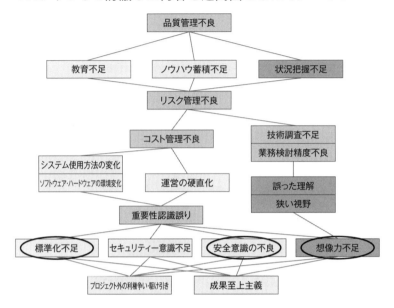

<直接的な問題点>

　利便性・コスト面から仮想通貨の管理方法をホットウォレットとしていた。ホットウォレットとはインターネットに接続したまま保管する仮想通貨の保管法で、利用が簡単なのが特徴。しかし、ネットにつながったままなので、不正アクセスの危険とは隣り合わせになる。ネットから切り離して管理するコールドウォレットという方法を使う取引所もあった。

<筆者が考える今回の問題点>

①法整備が整っていない状態での新たなサービス利用であるのに、安全が軽視された。【安全意識の不良】

②リスクなど問題が発生した場合に備えコンティンジェンシープランを策定した上で、どのリスクにコストを配分し、注力していく

かについて、十分な議論がおこなわれてない。【想像力不足】

③ブロックチェーン技術はまだまだ発展途上であるとの認識で、一つひとつセキュリティーを考慮しながらシステムを構築できなかった。【標準化不足】

＜筆者が考える対応策＞

①法整備が整っていない状態での新たなサービス利用は、安全が軽視される傾向にあるため、常に利用者側に不利益があると想像して利用しなければならない。

②ブロックチェーン技術は100％セキュリティーが確保されていると言われていたが、現実に不正が行えることが証明されたことで、常にセキュリティーが100％確保されているものはないという意識で利用すること。

＜まとめ＞

　今回、メディアに掲載された内容から「ITプロジェクト版失敗原因マンダラ図」で真因を考察した結果、MTGOXと同様に自社のインターネット技術を過信しているように感じた。現在世間で流行しているマルウエアやランサムウエアでも同じことが言えるが、インターネットを利用する人口は全世界に広がっているのである。ということは、自分とは全く違う思考（悪い思考も含めて）も何十億ケースもあるということ。なので、自分が考えつかないセキュリティーリスクを突いてくることは＜当たり前＞と考えてプランを立てなくてはならない。また、定期的にリスクを再チェックして新しいリスクを見出すためにプロジェクトメンバーとはベルの組織を編成（第三者を含む）することを勧める。

委託先への仕様丸投げで招いた失敗

<事例から【他山の石】としていただきたいこと>

　システムの更改はどこの業界でも発生していることであるが、お金を出すことでシステム仕様の決定権まで委託してしまった結果、利用者が使えないシステムとなり作り直しとなってしまった。

(ix) 野村証券「ラップ口座の刷新」

<DX戦略>

　野村証券と野村ホールディングスは、資産運用を証券会社などに一任する「ラップ口座」の開発を日本IBMに委託した。日経コンピュータの記事「海外製パッケージ導入に失敗　33億円のIT訴訟に発展」によると野村証券は2008年頃から基幹系システムの刷新計画を進めており、ラップ口座のフロントエンドシステムの開発については「SaaS（ソフトウエア・アズ・ア・サービス）やパッケージソフトを活用してIT費用を抑える方針を打ち出した」（内部関係者）。日本IBMはスイスの金融系ソフト大手のテメノス社が開発した「WealthManager」というラップ口座向けパッケージソフトの導入を提案し、野村はその提案で契約を結んだ。

<失敗事象>

　野村證券と野村ホールディングスは2013年11月に日本IBMを提訴した。訴状によると「日本IBMは開発の過程でスケジュールの遅延が繰り返したうえ、要員を十分な引き継ぎなしに頻繁に交代させた。その結果、テスト工程で問題が顕在化。十分な品質のシステムを完成できる見通しが立たなくなり、野村はプロジェクトの中止

を日本IBMに伝えた」という。

これに対して日本IBMは、システムは完成間近であって、野村側が一方的にプロジェクトを打ち切ったと反論し、真っ向から争う姿勢を見せた。

裁判では東京地裁は日本IBM側に原因があった可能性が高いと、野村の勝訴としたが、東京高裁では一転して野村側に責任があるという判決になった。最終的には2021年末までに野村側が上告を取り下げ、日本IBMの勝訴が確定した。足かけ9年の争いであった。

2010年 11月	日本IBMが野村証券から「ラップ口座」向けフロントシステムの開発案件を受注。2013年1月の本番稼働を目標に開発プロジェクトを開始	
11月〜2012年9月	プロジェクトの遅延やテストでの不具合が頻発	
2012年 9月	野村證券が日本IBMに23項目の改善要求を通達	
2012年 11月	改善要求に対し十分な回答を得られなかったとして、野村證券が日本IBMにプロジェクトの中止を通達	
2013年 11月	野村ホールディングスと野村証券が日本IBMに約36億円の損害賠償を求める訴訟を提起	
2019年 3月	東京地裁判決は「スケジュールの遅延の一部は日本IBM側に原因があった可能性が高い」として日本IBMに約16億円の支払いを命じる	野村側が勝訴
2021年 4月	東京高裁判決は「スケジュールの遅延は野村側が仕様の変更を繰り返したことが原因」とし、一審判決を変更し野村側の請求を棄却。逆に野村側に未払いの業務委託料など約1億円の支払いを命じる	野村側が逆転敗訴
2021年 5月ごろ	野村側が最高裁に上告	
2021年 12月13日	日経コンピュータの取材により、野村側の上告取り下げが判明	野村側の敗訴確定

出典：日経クロステック「野村HDが日本IBMに敗訴確定　約8年に及ぶ法廷闘争が決着」

以下では日経クロステックの記事「野村HDが日本IBMに逆転敗訴のワケ、『工数削減に応じず変更要求を多発』と指摘」から、判決の経緯の要点を記す。

2019年の一審判決で、東京地裁は開発遅延の主因を「テメノス

の要件・カスタマイズ量の把握不足による可能性が極めて大きい」とした。把握不足に陥ったのは日本IBMとテメノスとの連携に問題があった可能性が高いとし、日本IBMは「ベンダーとしての通常の注意を欠いたものと言わざるを得ない」とした。野村側の一部の請求を認め、日本IBMに約16億円の支払いを命じた。

一方、控訴審判決では、プロジェクト遅延の原因は「野村証券が仕様の変更要求を繰り返したことだ」とした。仕様変更によって作業の手戻りなどが増え、日本IBMの工数削減提案にも十分に応じなかった。「要件定義書に記載のない新業務要件として四半期リバランスを要求」「概要設計フェーズ（2011年6月まで）のヒアリングの機会にIBMに説明しておくことができた要件を、この段階（2011年7月下旬）で新たに持ち出し」、など野村側から変更要求が繰り返されたことが判決文にも記されている。

仕様変更はいったんシステムを完成させてサブシステム間の連結テストを開始する時期になっても続いた。「時機に後れた多数のCR（変更要求）は、プログラム製作作業時間確保の不十分と、これに伴う納品の遅れや品質確保の不十分、ひいてはテスト開始の遅れやテスト結果不良の主要な原因の一つとなった」（判決文）。

日本IBMはある時期に仕様の凍結を提案したが、新たな機能追加の要求はプロジェクトの中止が決まるまで続いたという。

要件定義書を策定したときと比べて2011年7月には新たな開発が必要な数が倍以上に膨れ上がっていた。日本IBMは「概要最適化フェーズ」を設けて工数を削減することを野村側に提案したが、業務部門の担当者の猛反対にあって実現しなかった。

東京高裁は、プロジェクトの途中段階では日本IBMが契約上の債務を完了していたと判断した。最終段階で作業の中止を判断したのは野村証券であり、日本IBMには債務不履行はないと結論づけた。

＜失敗学考察＞

それでは第1章で説明した順に失敗の原因をリストアップして
いく。

（ⅰ）**ステップ1**：「ITプロジェクト版失敗原因マンダラ図」から全
ての失敗原因を抽出する。

＜失敗の原因を検討したものを一覧化したイメージ＞

			失敗の原因と思われる事象
個人	無知	知識不足	パッケージ・システムを利用する場合は基幹部分へカスタムを行わないことを前提した利用形態であることを野村証券側が理解できていなかった。
		経験不足	野村証券はパッケージ・システムを取り入れた開発経験が少ないため、外部委託の協力により進めようとしたが、委託会社側も知見を野村証券側へ伝えることをしなかった。
	不注意	引き継ぎ不良	
		疲労・体調不良	
		注意不足	
	誤判断	状況把握不足	RFPに記載している内容を野村証券が理解できていないため、外部委託者の進めることに異議を唱えることができなかった。
		誤った情報	外部委託に要求を告げるだけで、システムができると思いこんでいた。
		誤った理解	パッケージ・システムを安価で利用することはメリットではあるが、デメリットが野村証券側の現場に伝わっていなかった。
		狭い視野	パッケージ・システムの利用の利用について、ハンコを押すだけで、素敵なサービスが提供されると錯覚してしまった。
	手順の不順守	手順無視	ウオーターフォール開発の場合、アプリケーションができ上がる最終段階まで利用者には公開されないため、やり直しとなった場合の後戻りのコストと期間が大幅に増加することを要求の段階から言い続けないと野村証券側も要求を告げるだけで忘れてしまう。またアジャイル開発は野村証券側の現場に大きな負担を与えることを理解しておらず、経営者も最後まで理解していなかった。
		周知不足	パッケージ・システムを利用する場合は基幹部分へカスタムを行わないことを前提した利用形態であるサービスであることを現場は理解していなかったし、周知活動を行っていなかったため、要求レベルだけが増えていった。
		想像力不足	パッケージ・システムは共通のプラットフォームを利用することで安価でできるものである。そこを理解しないまま進めてしまった。まずはパッケージ・システムを利用する前に何ができて、何ができないかを現場にも伝えなければならない。「魔法の杖」は存在していない。

			失敗の原因と思われる事象
個人	手順の不順守	形骸化	外部に委託すれば勝手にでき上がると過信してしまい、野村証券側でリスクを想定できなかった。
プロジェクト	企画計画不良	目的不良	パッケージ・システムで何が実現できるのか、何を実現しようとしたのかを現場が認識できなかった。安価で最新のサービスが享受されると考えた。
		重要性の認識誤り	パッケージ・システムの利用は手段でしかないことを忘れ、そもそも「ラップ口座用のシステム」にどのような問題点があり、何を解決しようとしたのかを現場に伝えていない。
		スコープ不良	新しい「ラップ口座用のシステム」では何を実現しようとしたのかが不明確であった。
		体制・役割不良	外部委託企業に丸投げしてしまい、重要な議論となるリスク管理に野村証券側が関与できていなかった。
		見積もり不良	「ラップ口座用のシステム」の再構築は安さではなく、何を実現しようとしたかが明確ではなかったため、安さを取ってしまった。
		コミュニケーション計画不良	
		スケジュール不良	パッケージ・システムは変更要素がなければ、契約した日から短期間で使用できますが、野村証券側の仕様をいれた途端に破綻してしまった。提案した外部委託業者もしっかり説明して、契約前に独自の仕様を入れることについて慎重に検討すべきであった。
		委託先選定不良	開発を進めるだけが、外部委託業者の役割ではなく、野村証券側の「ラップ口座用のシステム」が無事にリリースするためにリスク点を常にプロジェクト側と協議することが優先されるが、「利益の確保」が優先してしまった。
		契約条件不良	外部委託業者が大手であるかに関わらず、耳の痛いリスク点をしっかり伝えてくれ、そのリスクに一緒に対応してくれるかの判断を見誤った。
	調査・検討不足	現行業務フロー調査不足	現行業務をそのままパッケージ・システムにとりいれようとしたため、大幅な改修が必要となり、たちゆかなくなった。パッケージ・システムを利用するのであれば、極端ではあるが、現行の業務フローは捨てなければならない。
		技術調査不足	現行業務を捨てた場合、技術的に問題となる点を契約前に洗い出すことができなった。
		システム影響調査不足	現行業務を捨てた場合、システム的に問題となる点を契約前に洗い出すことができなった。
		業務検討精度不良	現行業務を捨てた場合、関連する業務を含め広範囲に渡って問題となる点がないか契約前に洗い出すことができなった。
		移行検討不足	「ラップ口座用のシステム」であれば、システム間のデータ連携は必ず行われていたため、パッケージ・システム側でどの程度対応できるのか、事前に検討できていなかった。
	プロジェクト運営不良	構成員不良	野村証券側もプロジェクトに深く関与し、委託任せにしない体制をとることができていなかった。
		コミュニケーション管理不良	技術的な部分は外部委託会社に丸投げしてしまい、技術を学ぶことを行わなかった。
		品質管理不良	上流の要求事項を会議する場でパッケージ・システムのメリット・デメリットが現場側に周知できなかった。
		コスト管理不良	パッケージ・システムで仕様を変更するとどのようなデメリットが起こるのか、外部委託側も説明を怠った。

			失敗の原因と思われる事象
プロジェクト	プロジェクト運営不良	進捗管理不良	野村証券側は要求だけ出し続けるとでき上がると思ってしまった。また、外部委託者側もそのまま要求を記録していくだけで、即座に解決するための会議を招集しなかった。
		リスク管理不良	パッケージ・システムのメリット・デメリットだけでなく、野村証券側の要求に対するリスクについても議論できなかった。
		課題管理不良	野村証券側の要求は期待値だけでなく、現行のシステムで実現できていたことができなくなってしまったことへのサービス低下から来ていたので、課題管理を行っていたのであれば、そういった声が発生した時点で、ステアリングコミッティを開催するべきであった。
		変更管理不良	パッケージ・システムはユーザーの意見で自由に変更できるかのように説明してしまったのは大きな問題であった。
		構成管理不良	パッケージ・システムはいったん変更してしまうと、バージョンアップ時に対応してもらうことができないことを始めに伝えていない。
組織	環境変化への対応不良	運営の硬直化	大手に丸投げで委託することで安心し、思考が停止してしまった。
		ソフト・ハード環境変化	パッケージ・システムの環境も定期的に変化していくなかで、自社の要求だけを告げるだけではなく、世間の情勢を鑑みることも重要である。
		システム使用方法の変化	「ラップ口座用のシステム」の使用形態の変化について、そのままパッケージ・システムへ移行しようとしてしまった。
		経済環境変化	
		年齢	
		法令変化	
	価値観不良	標準化不足	パッケージ・システムを利用する場合は基幹部分へカスタムを行わないことを前提した利用形態のサービスであることを現場に周知できなった。
		教育不足	パッケージ・システムの特性について、現場に教育しなければならなかった。
		ノウハウ蓄積不足	
		安全意識の不良	
		文化・常識の違い	野村証券側の思想と委託会社側の思想が全く一致していなかった。
		組織文化の不良	
		セキュリティー意識不足	
		間違った顧客志向	現場側はパッケージ・システムを利用することで利便性など画期的な変更を希望していたが、パッケージ・システムを利用する場合は基幹部分へカスタムを行わないことが前提であることを理解していなかった。
		成果至上主義	
		プロジェクト外の利権争い・駆け引き	
未知	未知	未知の事象発生	
		異常事象発生	

下図のように39項目が選定される。

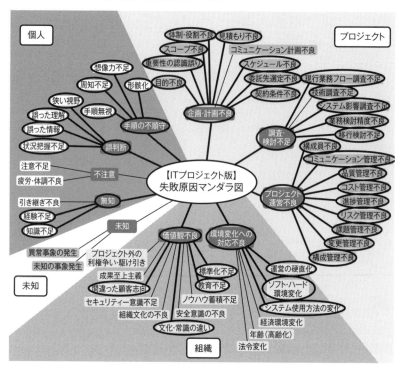

（ⅱ）ステップ2：抽出した失敗原因を集約する
　今回は一人による分析なので割愛する。

（ⅲ）ステップ3：失敗原因を整理する
　同様に割愛する。

（ⅳ）ステップ4：真の失敗原因を特定する

＜ステップ３で討議した内容を連関図としたイメージ＞

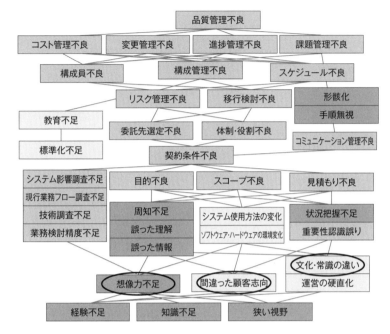

＜直接的な問題点＞

【①】 PoC（概念実証）での検証時に問題なしと判断している。

【②】 パッケージソフトを利用する場合はカスタムを最小限にする
ことを前提したサービスであることを野村証券側が理解して
いないし、受託側も強く伝えられていない。

＜筆者が考える今回の問題点＞

①野村証券側のPoC（概念実証）を商品説明会と認識間違いをした。

【間違った顧客志向】

②大手開発企業であれば丸投げしてもなんとかなると考えていた。

【文化常識の違い】【想像力不足】

<筆者が考える対応策>

①パッケージソフトを利用する形態で運用する場合はカスタマイズを行うと、将来のアップデート時に多大な手間が生じることなどをプロジェクト開始前に経営側と現場部門とのステアリングコミッティを開催し、納得後に開発に着手する。

②現場側はPoC（概念実証）をなぜ行っているかを理解した上で意見交換しながら進める。

<まとめ>

　今回、メディアの記載内容を「ITプロジェクト版失敗原因マンダラ図」で真因の考察を行った所、発注側企業、特に声の大きな現場の担当者が知識を持ち合わせていないために発注した外部委託業者を「魔法の杖」のように使おうとし、「想像」することは行わず要求を丸投げしてしまい、技術を独自で学ぶことを放棄してしまったケースであるように感じた。外部委託を使うことが悪いわけでなく、外部の力を借りるだけでなく、知識・経験をうまく自社に取り入れるような体制をとるべきであった。現在、どの企業でも自社の知識経験だけでシステム構築することは行っておらず、外部の知識は有効に活用すべきであるが、自分たちの「想像性」を放棄することとは違うため、企業として何を残すべきかは外部を利用する前に十分な検討を行っておくことを勧める。

（x）旭川医科大学「病院情報管理システム」

＜ DX 戦略＞

2017 年 09 月 29 日の日経クロステック「失敗の全責任はユーザー側に、旭川医大と NTT 東の裁判で逆転判決」の記事によると、旭川医大は 2008 年 8 月に病院情報管理システムの刷新を企画し、要求仕様書を基に入札を実施。NTT 東日本が落札した。日本 IBM と共同開発したパッケージソフトをカスタマイズし、6 年リースで提供する計画だった。

＜失敗事象＞

以下では日経クロステックの記事「システム開発の失敗を巡り裁判に至るまで、旭川医大と NTT 東の 2010 年」から概要を紹介する。

当初、病院情報管理システムの開発は NTT 東日本が担当し、2009 年 9 月に稼働させる予定だった。ところが開発プロジェクトが不調に陥り、新システムは稼働しなかった。旭川医大は NTT 東日本とリース契約を結び、新システムを利用する予定だったが、その契約を 10 年 4 月に解除した。この結果、NTT 東日本はシステム開発の費用を受け取ることができなくなり、東京地方裁判所に提訴した。

旭川医大が病院情報管理システム再構築の入札を公告したのは、08 年 8 月。従来システムの保守サポート期間が 10 年 1 月に終了することになっていたため、再構築を決めた。

NTT 東日本は、日本 IBM と共同開発したパッケージソフト「NTT 電子カルテシステム」を活用して新システムを構築することを提案。旭川医大は、NTT 東日本の提案を採用することにした。

最初に着手したのは、新システムに実装する機能要件固めである。08 年 11 月に始めたが、ここでつまづいた。機能の追加・変更が多かっ

たようで、09年2月末に完了させる予定だったのが、09年7月7日
までずれ込んだという。NTT東日本が東京地裁に提出した裁判資
料によれば、この際に挙がった機能の追加・変更は636項目に達し
たという。当初NTT東日本は新システムの機能項目を5850と想定
していたが、6486に増えた。その後も仕様の変更・追加は続いた。

　NTT東日本は訴状のなかで、「強引かつ際限のない仕様の追加・
変更の要求だった」と主張している。NTT東日本が裁判資料とし

旭川医科大学とNTT東日本がシステム関連訴訟に至った経緯

日付	内容
2008年10月31日	旭川医科大学が「病院情報管理システム」の入札でNTT東日本を選定。システムの稼働開始予定日は2009年9月24日
11月14日	システム開発プロジェクトに着手。機能要件の確認作業を開始
2009年7月7日	機能要件を確定
9月3日	システムの稼働予定日を2010年1月4日に変更
12月中旬	新システムの導入リハーサルを延期
2010年1月	4日に新システムを稼働できず。テストを実施
3月11日	旭川医大がNTT東日本に「履行催告状」を送付。新システムが稼働できることを立証する書類や工程表の提出を要求
3月16日	NTT東日本が旭川医大に「プロジェクト再開に向けてのご提案」を提出。3月23日に直接説明
4月23日	旭川医大が書面で、契約を解除することをNTT東日本に伝える。1カ月以内に「原状回復（院内にある新システム用サーバーなどの機器の撤去とデータの削除）」を要求
5月21日	NTT東日本が旭川医大に書面で講義
5月31日	旭川医大がNTT東日本に書面で、新システム開発を継続する意思がないことを伝え、6月11日までの原状回復を要求
6月9日	NTT東日本が旭川医大に書面で、原状回復要求に応じることを連絡
6月25日	NTT東日本がデータを消去し、機器を撤去。旭川医大に作業報告書を提出
6月28日	旭川医大がNTT東日本に書面で、データ消去の証明書の提出を要求。7月15日にも再要求
8月12日	旭川医大が会見を開き、NTT東日本にデータ消去の証明書を求めた講義文書を送付したことを発表
8月26日	NTT東日本が東京地方裁判所に、旭川医大による新システム導入に関連する契約の破棄について提訴

出典：日経クロステック「失敗の全責任はユーザー側に、旭川医大とNTT東の裁判で逆転判決」

て提出した開発プロジェクトの議事録には、旭川医大の医師が「右クリックできなければ新システムは使えない」といった発言をしていたことなどが記載してある。

新システムは09年12月に導入リハーサルを実施する予定だったが、旭川医大は直前に中止した。10年1月に実施したテストで、開発したプログラムが正常に動作しなかったようだ。10年2月以降、進展がなく、プロジェクトは事実上停止した。

2016年3月の一審判決は旭川医大の過失割合が2割、NTT東が同8割として双方に賠償を命じていたが2017年8月の高裁判決では一転、旭川医大に100%の責任があるとした。同医大は2017年9月14日、判決を不服として最高裁に上告した。

旭川医科大学／NTT東日本の主張と札幌高裁の判決

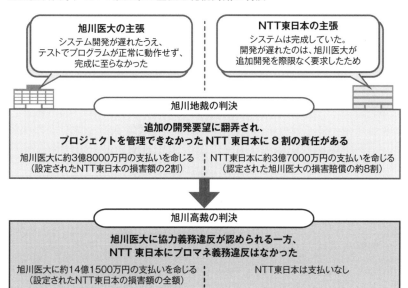

出典：日経クロステック「失敗の全責任はユーザー側に、旭川医大とNTT東の裁判で逆転判決」

一審、控訴審とも「プロジェクト開発契約に付随する義務」に違反する行為の有無が争点になった。開発ベンダーがプロジェクトを適切に管理する「プロジェクトマネジメント（PM）義務」や、ユーザー企業が仕様の策定などで開発ベンダーに協力する「協力義務」などだ。

　協力義務については一審、控訴審とも旭川医大の義務違反を認定した。仕様の凍結に合意した後も追加開発を繰り返し要望したほか、マスターデータ作成の協力姿勢が不十分だったことなどが、ユーザー企業としての協力義務違反に当たるとした。

　異なったのはPM義務に関してだ。札幌高裁は、旭川医大が出した追加開発の要望に対するNTT東の対応に違反はなかったと認めた。

　一審の旭川地裁判決は、NTT東の姿勢を「原告の追加開発要望に翻弄され、進捗を適切に管理できなかった」（同）とし、PM義務違反を認定した。これに対してNTT東は控訴審で反論。旭川医大の担当者から「追加の要望を反映しないシステムは検収で合格させない」と迫られたとし、「判決のような（追加開発を拒絶する）対応は非現実的だ」と主張。札幌高裁は同社の対応にPM義務違反はなかったと認めた。

　NTT東は2009年3月以降、旭川医大に対し、同医大が要望する追加開発の多くは仕様外であり、追加開発をすればシステムの稼働が予定日に間に合わなくなると繰り返し説明していた。また2009年7月に、NTT東が同医大の追加要望を受け入れる一方、「旭川医大は今後一切の追加要望を出さない」という仕様凍結の合意を取り付けていた。これらが認められた格好だ。

　札幌高裁は、旭川医大が契約を解除した時点でシステムはほぼ完成していたと認め、NTT東がシステムを納品できていればリース費として得られる見込みだった約15億円を、契約解除によりNTT東が被った損害と認定した。

＜失敗学考察＞

それでは第1章で説明した順に失敗の原因をリストアップして
いく。

（ⅰ）**ステップ1**：「ITプロジェクト版失敗原因マンダラ図」から全
ての失敗原因を抽出する。

＜失敗の原因を検討したものを一覧化したイメージ＞

			失敗の原因と思われる事象
個人	無知	知識不足	パッケージ・システムを利用する場合は基幹部分へカスタムを行わないことを前提した利用形態であることを旭川医科大学側が理解できていなかった。
		経験不足	旭川医科大学はパッケージ・システムを取り入れた開発経験が少ないため、外部委託の協力により進めようとしたが、委託会社側も知見を旭川医科大学側へ伝えることをしなかった。
	不注意	引き継ぎ不良	
		疲労・体調不良	
		注意不足	
	誤判断	状況把握不足	RFPに記載している内容を旭川医科大学が理解できていないため、外部委託者の進めることに異議を唱えることができなかった。
		誤った情報	外部委託に要求を告げるだけで、システムができると思いこんでいた。
		誤った理解	パッケージ・システムを安価で利用することはメリットではあるが、デメリットが旭川医科大学側の現場に伝わっていない。
		狭い視野	パッケージ・システムの利用の利用について、ハンコを押すだけで、素敵なサービスが提供されると錯覚してしまった。
	手順の不順守	手順無視	ウオーターフォール開発の場合、アプリケーションができ上がる最終段階まで利用者には公開されないため、やり直しとなった場合の後戻りのコストと期間が大幅に増加することを要求の段階から言い続けないと旭川医科大学側も要求を告げるだけで忘れてしまう。またアジャイル開発は旭川医科大学側の現場に大きな負担を与えることを理解しておらず、経営者も最後まで理解していなかった。
		周知不足	パッケージ・システムを利用する場合は基幹部分へカスタムを行わないことを前提した利用形態であるサービスであることを現場は理解していなかったし、周知活動を行っていなかったため、要求レベルだけが増えていった。
		想像力不足	パッケージ・システムは共通のプラットフォームを利用することで安価でできるものである。そこを理解しないまま進めてしまった。まずはパッケージ・システムを利用する前に何ができて、何ができないかを現場にも伝えなければならない。「魔法の杖」は存在していない。

			失敗の原因と思われる事象
個人	手順の不順守	形骸化	外部に委託すれば勝手に出来上がると過信してしまい、旭川医科大学側でリスクを想定できなかった。
プロジェクト	企画計画不良	目的不良	パッケージ・システムで何が実現できるのか、何を実現しようとしたのかを現場が認識できなかった。安価で最新のサービスが享受されると考えた。
		重要性の認識誤り	パッケージ・システムの利用は手段でしかないことを忘れ、そもそも「病院情報管理システム」にどのような問題点があり、何を解決しようとしたのかを現場に伝えていない。
		スコープ不良	新しい「病院情報管理システム」では何を実現しようとしたのかが不明確であった。
		体制・役割不良	外部委託企業に丸投げしてしまい、重要な議論となるリスク管理に旭川医科大学側が関与できていなかった。
		見積もり不良	「病院情報管理システム」の再構築は安さではなく、何を実現しようとしたかが明確ではなかったため、安さを取ってしまった。
		コミュニケーション計画不良	
		スケジュール不良	パッケージ・システムは変更要素がなければ、契約した日から短期間で使用できてしまうが、旭川医科大学側の仕様をいれた途端に破綻してしまった。提案した外部委託業者もしっかり説明して、契約前に独自の仕様を入れることについて慎重に検討すべきであった。
		委託先選定不良	開発を進めるだけが、外部委業者の役割ではなく、野村証券側の「病院情報管理システム」が無事にリリースするためにリスク点を常にプロジェクト側と協議することが優先されてしまうが、「利益の確保」が優先してしまった。
		契約条件不良	外部委託業者が大手であるかに関わらず、耳の痛いリスク点をしっかり伝えてくれ、そのリスクに一緒に対応してくれるかの判断を見誤った。
	調査・検討不足	現行業務フロー調査不足	現行業務をそのままパッケージ・システムに取り入れようとしたため、大幅な改修が必要となり、たちゆかなくなった。パッケージ・システムを利用するのであれば、極端ではあるが、現行の業務フローは捨てなければならない。
		技術調査不足	現行業務を捨てた場合、技術的に問題となる点を契約前に洗い出すことができなった。
		システム影響調査不足	現行業務を捨てた場合、システム的に問題となる点を契約前に洗い出すことができなった。
		業務検討精度不良	現行業務を捨てた場合、関連する業務を含め広範囲に渡って問題となる点がないか契約前に洗い出すことができなった。
		移行検討不足	「病院情報管理システム」であれば、システム間のデータ連携は必ず行われていたため、パッケージ・システム側でどの程度対応できるのか、事前に検討できていなかった。
	プロジェクト運営不良	構成員不良	旭川医科大学側もプロジェクトに深く関与し、委託任せにしない体制をとることができていなかった。
		コミュニケーション管理不良	技術的な部分は外部委託会社に丸投げしてしまい、技術を学ぶことを行わなった。
		品質管理不良	上流の要求事項を会議する場でパッケージ・システムのメリット・デメリットが現場側に周知できなかった。
		コスト管理不良	パッケージ・システムで仕様を変更するとどのようなデメリットが起こるのか、外部委託側も説明を怠った。

			失敗の原因と思われる事象
プロジェクト	プロジェクト運営不良	進捗管理不良	旭川医科大学側は要求だけ出し続けるとでき上がると思ってしまった。また、外部委託者側もそのまま要求を記録していくだけで、即座に解決するための会議を招集しなかった。
		リスク管理不良	パッケージ・システムのメリット・デメリットだけでなく、旭川医科大学側の要求に対するリスクについても議論できなかった。
		課題管理不良	旭川医科大学側の要求は期待値だけでなく、現行のシステムで実現できていたことができなくなってしまったことへのサービス低下から来ていたので、課題管理を行っていたのであれば、そういった声が発生した時点で、ステアリングコミッティを開催するべきだった。
		変更管理不良	パッケージ・システムはユーザーの意見で自由に変更できるかのように説明してしまったのは大きな問題であった。
		構成管理不良	パッケージ・システムはいったん変更してしまうと、バージョンアップ時に対応してもらうことができないことを始めに伝えていない。
組織	環境変化への対応不良	運営の硬直化	大手に丸投げで委託することで安心し、思考が停止してしまった。
		ソフト・ハード環境変化	パッケージ・システムの環境も定期的に変化していくなかで、自社の要求だけを告げるだけではなく、世間の情勢も鑑みることも重要である。
		システム使用方法の変化	「病院情報管理システム」の使用形態の変化について、そのままパッケージ・システムへ移行しようとしてしまった。
		経済環境変化	
		年齢	
		法令変化	
	価値観不良	標準化不足	パッケージ・システムを利用する場合は基幹部分へカスタムを行わないことを前提とした利用形態のサービスであることを現場に周知できなった。
		教育不足	パッケージ・システムの特性について、現場に教育しなければならなかった。
		ノウハウ蓄積不足	
		安全意識の不良	
		文化・常識の違い	旭川医科大学側の思想と委託会社側の思想が全く一致していなかった。
		組織文化の不良	
		セキュリティー意識不足	
		間違った顧客志向	現場側はパッケージ・システムを利用することで利便性など画期的な変更を希望していたが、パッケージ・システムを利用する場合は基幹部分へカスタムを行わないことを前提であることを理解していなかった。
		成果至上主義	
		プロジェクト外の利権争い・駆け引き	
未知	未知	未知の事象発生	
		異常事象発生	

以上、全ての原因について考察したあと、「ITプロジェクト版失敗原因マンダラ図」に赤丸をつけてみると下記のようなイメージ図となる。

下図のように39項目が選定される。

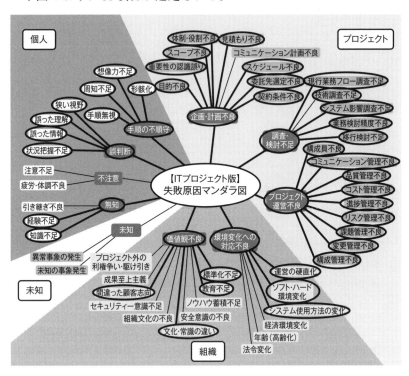

（ⅱ）ステップ2：抽出した失敗原因を集約する
　　今回は一人による分析なので割愛する。

（ⅲ）ステップ3：失敗原因を整理する
　　同様に割愛する。

（ⅳ）ステップ4：真の失敗原因を特定する

＜ステップ３で討議した内容を連関図としたイメージ＞

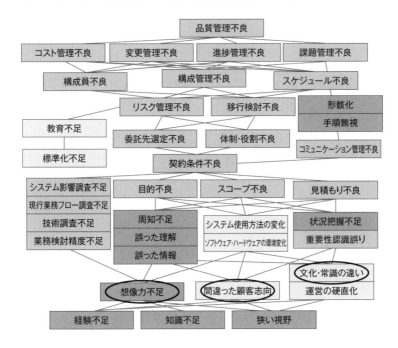

＜直接的な問題点＞

【①】「パッケージに合わせて業務を変える」ことを前提にパッケージ導入を決定したのに、業務を変えることへの現場の反発を抑えられなかった。

【②】契約後に現場と意識統一を図ろうとした。

【③】「仕様凍結」の認識が曖昧であった。

＜筆者が考える今回の問題点＞

①旭川医科大学側の経営者は現行の病院情報管理システムの問題点と今後の事業展開を考慮した刷新を想定していたが、現場部門は現行のシステムの置き換えと認識してしまい利害が一致しな

かった。【間違った顧客志向】

②大手開発企業であれば丸投げしてもなんとかなると考えていた。
　【文化常識の違い】【想像力不足】

＜筆者が考える対応策＞

①経営側が販売管理システムの将来のビジョンを現場部門に伝え理
　解されたタイミングで開発に着手する。

②現場側は新システム構成（画面・帳票）がどのようになるか不安
　であるため、ウオーターフォール開発とする場合でも、シミュ
　レーション画面など動くものをプログラム設計開始前に開発前
　に作り意見交換しながら進める。

③パッケージ・システムなど基幹部分を変更してサービスを利用す
　る形態で運用する場合はカスタマイズを行うと、将来メーカーサ
　ポートが受けられなくなることをプロジェクト開始前に経営側
　と現場部門とのステアリングコミッティを開催し、納得後に開発
　に着手する。

＜まとめ＞

　今回、メディアの記載内容を「ITプロジェクト版失敗原因マン
ダラ図」で真因の考察を行った所、発注側企業が知識を持ち合わせ
ていないために発注した外部委託業者を「魔法の杖」のように使お
うとし、「想像」することは行わず要求を丸投げしてしまい、技術
を独自で学ぶことを放棄してしまったケースであるように感じた。
外部委託を使うことが悪いわけでなく、外部の力を借りるだけでな
く、知識・経験をうまく自社に取り入れるような体制をとるべきで
あった。現在、どの企業でも自社の知識経験だけでシステム構築す
ることは行っておらず、外部の知識は有効に活用すべきであるが、
自分たちの「想像性」を放棄することとは違うため、企業として何

を残すべきかは外部を利用する前に十分な検討を行っておくことを
勧める。

第 3 章

失敗しない
DX組織にする方法

第2章で筆者は失敗学を用いて、事例を使った真因の考察や対応策をお伝えしてきたが、こう思っている読者もいるだろう。なぜDXでは失敗が多いのだろうか？　DX特有の問題があるのだろうか？

本章では読者の疑問を解決しながら、失敗しないDX組織を作るにはどうすればよいか。実際に取り組んでいる企業はどのようなことを行っているかを伝えていきたい。

1 公開情報からみたDXの主な失敗原因

日本情報システム・ユーザー協会（JUAS）の「企業IT動向調査報告書」によると、DX推進上の課題として、「明確なゴール設定がされていない」「攻めのDXに踏み込めていない」「DXへの理解が足りていない」といった項目が上がっている。統計内容では、「人材・スキルの不足」が圧倒的多数となっており、続いて「DX推進体制が不明確」「戦略の不足」が上位となっている。

前章における考察と合わせて考えると、そもそも多くの企業で、DXの定義ができていないのではないかと思われる。DXを推進したくても、意見を伝える者がいないので、それが結果として「人材不足」という表現になっているのではないだろうか。

本書をここまでお読みいただいた方は、DXの定義や、なぜDXでうまくいかなかったのかを「ITプロジェクト版失敗原因マンダラ図」を使って分析する方法を理解されたと思う。下に示した統計の結果については、まずは、「違和感を持つ」ことから始め、本当は何が起こっている（起こっていた）のか考察してみて欲しい。それによって予期せぬ原因を導きだせるかもしれない。

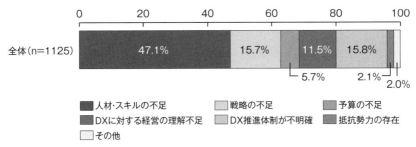

出典JUAS：企業IT動向調査報告書 2022_DX推進上の課題

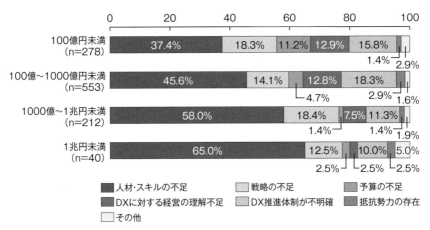

出典JUAS：企業IT動向調査報告書 2022_DX推進上の課題

2 ｜ 失敗学から考察するDXの失敗原因

　DXの失敗原因を2章で考察した中で、5つの大きな課題が浮かび上がってきた。p.161の表ではDXの失敗の真因と具体的な解決方法、解決に必要な知識を一覧で表してみた。

　1点目としては「間違った顧客思想」である。真因として、DX

の最終ゴール（DXを行うことにより、どのようにビジネスモデル
を変革していくのか）がDXを管理するプロジェクト統括者に知ら
されていないことがある。結果として誤ったゴールが設定されてし
まい、ゴールした連絡を行ったとたんに、「違う！」となってしまう。

　これはとてつもない悲劇であることを経営者はよく認識していた
だきたい。

　解決方法は何かというと、経営者自らが具体的なゴールをプロ
ジェクト開始前に伝えることが必須なのである。つまり経営者は
DXとしてやらなければならないことを「ヒアリング」し、そのや
らなければならないことをメンバーと「コミュニケーション」を取
りながら形にしていくことが大事なのだ。そのため、必要な知識を
＜ヒアリング力＞＜コミュニケーション力＞とした。

　2点目は「想像力不足、コミュニケーション不足」である。DX
を理解できていないことから、世間体のよい、大きなシステムの再
構築＝DXであると間違ってしまうケースである。プロジェクトメン
バーの感覚で目標を設定してしまうことで、「便利」「快適」でな
い業務を想像し作り出す。利用ユーザーから不満が爆発し、最終的
には利用されない結果となってしまう。これは、いろいろなところ
で発生している問題だと筆者は感じている。

　具体的な解決方法であるが、まずは、「便利」「快適」でない業務
を洗い出すことがDXへの第一歩だ。その上で、経営者として、ビ
ジネスモデルをどのように変革するためにデジタルをどう活用させ
たいか、ということになる。

　必要な知識としては、＜想像力＞＜違和感を持つ感性＞＜コミュ
ニケーション力＞とした。違和感を持つ感性は、スマートフォンな
どでニュースを見ているだけでは養われない。あるニュースに対し
て、「なぜそうなるのか」「その結論が出た理由は何か」などと疑問
を持つ習慣をつけておくことが必要だ。それによって、いざという

ときに力を発揮できる。筆者は失敗学を通じて＜違和感を持つ感性＞を保っており、それを表明している。これによって大学や企業・団体から講演の依頼をいただくので、必要な知識であることは間違いないと言える。

　3点目としては「スコープ不良、標準化不足」である。真因としては、どうしても短期間で目に見える改革を成し遂げようと焦るあまり、現状の業務プロセスのままDXに移し替えようしてしまい、利用されない結果となってしまうことがある。この問題に対しては、経営者がDXを実践するメンバーと一緒に検討作業をすることで目線を下げ、認識を共有していくことを勧めたい。そのために必要な知識としては、＜作業順序の確立＞＜定性的な状況確認方法の確立＞＜コミュニケーション力＞＜リスク想定力＞とした。

　4点目は「コスト不良」である。真因としては、DXによるビジネスモデルをプロセスとしてフロー化していないために、どこまでもDXにゴールがなくなってしまい、コストだけが増大してしまうことがある。これもうまくいかないケースとしてよく伝えらえている。具体的な解決方法は、経営側がDXとしての目標を明確にすることだ。どこにゴールを設定をするかで、コストはおのずと決定できるはずである。DX＝お金がかかるだけのプロモーションとするのはとてももったいない。せっかくデジタル化するのであれば、従業員が「会社が変わってきたね」と、何気ない会話で発するようにしたいものである。

　そのために必要な知識としては＜定量的な状況確認方法の確立＞＜リスク想定力＞＜コミュニケーション力＞としている。経営者は夢を語るだけでなく、DXでビジネスモデルを変革した場合のデメリットも十分にリスクとして想定しておいてもらいたい。デジタル＝快適、効率化ではない。そこには十分なシミュレーションが必要である。筆者も過去にシステム化を幾度となく実施してきたが、シ

ステム化しなければならない意味が全く理解できないケースも多々あった。これではせっかく作り上げたものが、有効に利用されないものになってしまう。ぜひ、行動に移す前に十分な検討を重ねてもらいたい。

5点目は「スケジュール不良」とした。真因としては、DXを行ったが「いつまでに」という期限のゴールを明確化していないために、どこまでも開発が続いてスケジュールが延伸してしまう。いったんデジタル化が始まると終わりはないのである。

具体的な解決方法としては、DXのマイルストーンを決めることである。大ざっぱでもよいので、いつから始めて、いつまでに終了する、という表を作る。そうすることで、では、その期間で何ができるか、ということを考えるようになる。そして、どこで報告をもらうか、などが表に入っていると、終了の期日の設定が妥当なのか、もっと時間をかけなくてはならないのか、すぐ分かるようになる。

また、設定した期日を守るには、たくさんの人員（パートナー企業との委託契約など）を投入する必要があるかもしれない。まずは何をいつまでにしたいのか、設定してみることを勧める。必要な知識としては＜定量的な状況確認方法の確立＞＜リスク想定力＞＜コミュニケーション力＞とした。筆者は、マイルストーンを作ることで想定できなかったリスクを発見できた経験がある。何か上司から仕事を言われた際に、簡単なマイルストーンを作る経験を重ねてもらいたい。

DX失敗原因	失敗真因	具体的な解決方法	DX組織に必要な知識
間違った顧客思想	DXを使った最終ゴールがプロジェクト統括者に知らされていないことで、誤ったゴールが設定されてしまい、経営側が納得できないものがDX化されてしまう。	具体的なゴールがプロジェクト開始前に必須。 例) ・人材不足の解消 ・業務プロセスの効率化 ・人的作業から機械化へのシフト	・ヒアリング力 ・コミュニケーション力
想像力不足、コミュニケーション不足	DXの意味を理解していないため、大きなシステムの再構築＝DXであると間違ってしまう。プロジェクトメンバーの感覚で「便利」「快適」でない業務を想像したことで、DX化後ユーザーから不満が爆発し、利用されない結果となる。	「便利」「快適」でない業務を洗い出すことがDX化の第一歩。 例) ・全社アンケート ・全社アンケートから重要性・緊急性・DX適用性の観点でヒアリング ・DX化されたイメージをヒアリング先と共有・合意	・想像力 ・違和感を持つ感性 ・コミュニケーション力
スコープ不良、標準化不足	現状の業務プロセスのままDX化しようとしてしまい、新プロセスが受け入れられず、利用されない結果となる。	選定先と一緒に作業することで認識を共有していく。 例) ・現状の業務プロセスのフロー化 ・DX化した場合のプロセスをフロー化 ・DX化した場合に問題となるプロセスの事前掘り起こし ・解決できない場合の回避策の検討 ・回避できない場合は、業務プロセスの変更 or DX化見送りの決定 ・新プロセス開始前には徹底したユーザー教育を行い、不安を取り除く	・作業順序の確立 ・定性的な状況確認方法の確立 ・コミュニケーション力 ・リスク想定力
コスト不良	DX化した場合のプロセスをフロー化していないために、どこまでもDX化してしまいコストが増大してしまう。	経営側とコストを決定した上で、どこまで具体化していくか決定する。 例) ・DX化計画時に中長期のビジョンとして予算枠を設定する ・中長期ビジョンから年間計画予算を決定し、予算枠に沿ったDX化を想定する	・定量的な状況確認方法の確立 ・リスク想定力 ・コミュニケーション力
スケジュール不良	DX化した場合のゴールを明確化していないために、どこまでもDX化してしまうことでスケジュールが延伸してしまう。	選定先と全体的なゴールと各マイルストーンを決める。 例) ・比較的大きな業務は段階的なDX化を行う ・第1弾は対象業務の枝葉部分を行う ・問題ないようなら第2弾として主幹部分を行う ・第3弾は追加機能を検討してもよい	・定量的な状況確認方法の確立 ・リスク想定力 ・コミュニケーション力

3 | DX特有の事象はあるのか

　ここまでで、DXの失敗原因から導き出した失敗要因は【間違っ
た顧客思想】【想像力不足】【コミュニケーション不足】【スコープ
不良】【標準化不足】【コスト不良】【スケジュール不良】であった。
筆者の結論は、DXの失敗にはDXに特有の事象があるわけではな
い、ということだ。

　その原因を解くカギとして、これまで培ってきた「失敗学のキー
ワード」を挙げる。

①失敗は確率現象である
　・ヒヤリ体験の時から、真剣に向き合う姿勢が大切（ハインリッ
　　ヒの法則と類似）
②失敗は放っておくと成長する
　・失敗の防止策を取らないと、いつか大きくなり、破裂する
　・『知りながら、害をなすな』
③途中変更が諸悪の根源になる
　・生産現場の失敗はほとんどがこれ
　・最終計画を常に最終として、組織全体で認識する
④失敗には階層がある
　・個人の無知・不注意・誤判断からの失敗（個人性）
　・組織や企業の運営不良、行政や政治の怠慢（社会性）
　・未知への遭遇（誰も防げない失敗・良い失敗）
⑤失敗は予測できる
　・失敗を隠さず、失敗の体験を積極的に学ぶ
　・失敗の特性をきちんと分析する

⑥**失敗情報は、時間がたつと急激に減衰する**

・東日本大震災で大きな津波の被害に遭った三陸地方には、過去の津波の後に『ここから下に家を建てるな』といった警告を記した石碑がいくつも立てられた。それを守った地区では津波の被害がほとんどなかったが、石碑よりも海側にも多くの家が建てられた地区もあった。そういったところでは、また大きな被害を出すことになった

⑦**失敗は隠れたがる**

・失敗の原因は変わりたがる

・責任問題等で、本当の情報は組織の上には行かない

　上述の「⑦失敗は隠れたがる」が大きな原因ではないかと筆者は考えている。そもそも過去から失敗は隠れたがるのである。「失敗学のキーワード」の①で示したとおり、失敗は必ず起こるのである。筆者が経験したシステム開発現場でも失敗は数多く起こっているのに、全く表に出ない。皆、失敗は嫌なのだ。しかし、隠すことで、また同じ失敗が繰り返される。それで、「失敗学のキーワード」②の「失敗は放っておくと成長する」につながる。DXについては、まさに「DXだから失敗するものだ」と決めつけることで、DXを悪者にして原因を捉えようとしていないだけなのである。

　では、まさにDXを行っている企業はどうすればよいか。「失敗学のキーワード」⑤で挙げたように「失敗は予測できる」。予測することで失敗の手前で防ぐ、もしくは「かすり傷」程度ですますことができる。

　予測を予測する方法として筆者は＜ITプロジェクト版失敗原因マンダラ図＞を応用した＜失敗原因予測シート＞を考案した。＜失敗原因予測シート＞は既に20社以上の企業・団体に使用いただいており「効果あり」という評価を得ている。安心して利用してほしい。

4 ＜失敗原因予測シート＞の利用方法

　＜失敗原因予測シート＞は＜ITプロジェクト版失敗原因マンダラ図＞の第一階層、第二階層を縦軸に配置し、横軸に【失敗しない理由】【失敗可能性】【失敗リスクの回避策過】を配置したものである。＜ITプロジェクト版失敗原因マンダラ図＞は失敗してから、失敗の原因を1つ1つ考えていったわけであるが、＜失敗原因予測シート＞の場合は、今取り組んでいる、またはもうでき上がって運用しているものについて、失敗する可能性はないのか、失敗の可能性があるのであれば、既に対応策が取られているのかを、＜ITプロジェクト版失敗原因マンダラ図＞の第二階層の項目を使って1つ1つ確認していくものである。

　＜失敗原因予測シート＞は、取り組んでいるまたは、もうでき上がって運用しているものを一つに絞って、＜ITプロジェクト版失敗原因マンダラ図＞の失敗原因54項目をチェックしていく。1つに絞るのは、そうしないと対象のシステムや作業がぼやけてしまうからである。

　まず【失敗しない理由】に記載をしていく。＜ITプロジェクト版失敗原因マンダラ図＞の失敗原因54項目を1つひとつチェックし、失敗しない理由を書いていく。例えば、「注意不足」の項目には「手順を無視してもシステムがロックをするようにプログラムされているから」などと、できるだけ具体的に失敗しない理由を記載する。

　次に【失敗可能性】の欄を書いていく。【失敗しない理由】に記述したものを客観的に考察し、その記載内容に抜けや漏れがないかどうかよく考える。抜けや漏れがなければ【失敗可能性】は「無」と記載する。あれば「有」と記載する。

【失敗可能性】で「有」となった場合でも、事前に緊急事態が発生した場合に被害を最小限にするためのコンティンジェンシープランなどが作成されていて、リスクが認識された上で回避策や保険策が考慮されていれば問題はない。しかし筆者の経験では、リスクが認識されていても、起こる可能性が低いなどの理由で対応策が策定されていないケースが多い。

　しかし、失敗学では「失敗学のキーワード」①で示したように「失敗は確率現象である」と考えている。リスクが低いものへもしっかりと対策を講じなければならない。とかく経営者は＜不安＞にコストを発生したがらないものだ。そこで、＜失敗原因予測シート＞で可視化された事象を経営者に伝えることを行ってもらいたい。いったん可視化してしまえば、経営者は問題点を見過ごすと善管注意義務を怠ることとなるため、コストをかけても解決しなければならないのである。

　これを放置すると「失敗学のキーワード」の②で挙げたように「失敗は放っておくと成長する」のである。そして、取り返しのつかないことになってしまう」。読者の方はまず、＜失敗原因予測シート＞を使って、開発中の業務について、予測を始めてもらいたい。

　ここまでの作業で、可視化がしっかりでき、対応策を取ったとする。ただそれで、「よかった、よかった」と終わらせてしまうと、大変もったいない。

　可視化できた問題点を定期的に見直しすることで、失敗を防ぐ体制をより強固にできる。見直し時に気をつけたいのは、可視化した時点から日数がたっていると、可視化した部分以外に新たな問題が発生している場合があることだ。そのため、改めて、一つひとつ＜失敗原因予測シート＞を使って確認、差分をしっかりとらえ、経営側にも報告し、対応策を取ることで、定点観測として利用できる。ぜひ活用してもらいたい。

＜失敗予測シートの記述例＞

分類	第1レベル	第2レベル	失敗しない理由	失敗可能性	失敗リスクの回避策
個人	無知 個人の知識や経験などが不足していることから、対応や判断を誤ること	知識不足 知識が足りないために、判断・考慮ができないこと。	ー	ー	ー
		経験不足 書籍や研修などで基本的な知識は習得しているが、実業務へ適応する応用力が欠けていること。	ー	ー	ー
		引き継ぎ不良 引き継ぎを忘れてしまうこと。 引き継がれたことを忘れること。	ー	ー	ー
	不注意 十分に注意すれば防げた事象	疲労・体調不良 個人的理由・外的理由で、疲労の蓄積や体調を崩し、作業能力が低下すること。	ー	ー	ー
		注意不足 万一に備えての注意・警戒を怠りミスを犯すこと。	（記入例） 手順を無視してもシステムがロックをするようにプログラムされているから。	（記入例） 無	（記入例） 対処済み
	誤判断 誤った判断をすること	状況把握不足 現在の状況・状態の把握が不足し、判断を誤ること。	（記入例） 変更点などの周知が不足している場合に、作業員が誤った順序で作業する恐れがある。	（記入例） 有	（記入例） 作業前確認として変更点がないかチェックを行い、問題ないことを上長へ報告後、作業を行う。
		誤った情報 収集した情報が適切ではなかったことから、判断を誤ること。	ー	ー	ー
		誤った理解 意味・内容の解釈を誤って、判断を誤ること。	ー	ー	ー
		狭い視野 広い知見が必要な場合でも自己の知識で判断してしまうこと。	ー	ー	ー
	手順の不順守 決められた手順を守らないこと	手順無視 手順があるにもかかわらず、その手順がないがごとく振る舞い、過去の経験や勘で実施してしまうこと。	ー	ー	ー
		周知不足 関係者に広く知らせる必要がある情報・決まり事を知らせていないこと。 新規メンバーに対して、手順やルールを知らせていないこと。	ー	ー	ー

分類	第1レベル	第2レベル	失敗しない理由	失敗可能性	失敗リスクの回避策
個人	**手順の不順守** 決められた手順を守らないこと	**想像力不足** なぜこの手順が定められているか、また作業書が前提としている条件（暗黙のものを含む）を理解していないために柔軟性を欠き、想定外の事象に対処できないこと。	—	—	—
		形骸化 形骸的に手順通り実施しているものの、手順の意味や内容を十分に理解していないこと。 チェックリスト作成において、チェック項目が膨大で、一つひとつの項目を十分に確認せずにチェックしている。	—	—	—
プロジェクト	**企画計画不良** プロジェクト立ち上げ段階での企画・計画が不十分であること	**目的不良** 「なぜ、情報システムを変えるのか」「新しい情報システムによって何を達成するのか」が曖昧で、情報システムを構築することそのものが目的化してしまっていること。システムは計画通りに完成したものの、現場の抵抗にあって導入に至らない、システム導入後の現場に混乱が生じてしまう、導入されても本来の使い方で使われないといったケースが発生する。	—	—	—
	調査検討不足 プロジェクト開始前・実行中に実施する、あらゆる検討不足	**重要性の認識誤り** プロジェクト失敗による経営や現場への波及効果や度合いが不明で、経営層とプロジェクト側でプロジェクトの重要性の認識が相違すること。結果として、経営層の関与不足や能力の高いメンバーがアサインされないといったケースが発生する。	—	—	—
		スコープ不良 プロジェクトの目標を達成するために必要な成果物とタスクが不明確であったり共通認識がされていないことにより、後に対応範囲を安易に広げることで、コスト・工期が計画をオーバーするケースが発生する。	—	—	—
		体制・役割不良 顧客などのステークホルダーを含めたプロジェクトの体制が十分でなかったり、各々の役割が明確でないことが原因で、ユーザー部門の参画不足や、誰にも着手されない「ポテンヒット」のタスクが多発する。また、能力の高いメンバーや業務に精通したメンバーがアサインされないことで、業務要件漏れや不具合が多発するといった事象が発生する。	—	—	—

分類	第1レベル	第2レベル	失敗しない理由	失敗可能性	失敗リスクの回避策
プロジェクト	調査・検討不足 プロジェクト開始前・実行中に実施する、あらゆる検討不足	**見積もり不良** プロジェクト完成までどのくらいの時間が必要で、コストがいくらかかるかの見積もりミス（楽観的な見積もり）により、工程遅延やコスト超過を引き起こすこと。	—	—	—
		コミュニケーション計画不良 多数のステークホルダーと効率的かつ確実にコミュニケーションをとる計画が不足していること。コミュニケーションロスの発生は、プロジェクトの進行に大きな影響を及ぼす。 （例）各々のステークホルダーに配布する情報の内容、フォーマット、伝達手段、配布ルート、会議開催計画などが定められていない。	—	—	—
		スケジュール不良 作業タスクの漏れや必要期間の見積もり漏れ、リスクのための予備を考慮していない、最初から残業を前提とした計画など、プロジェクト計画時に策定したスケジュールに不備があること。また、大きなスケジュールのみで、WBSの設定ができていないこと。	—	—	—
		委託先選定不良 委託先の能力や実績などを評価せず、見積もりコストや政治的圧力により委託先を選定したことにより、納期遅延やトラブルの多発を引き起こすこと。	—	—	—
		契約条件不良 契約書が不明瞭(変更プロセス、中断の扱い、前提条件、納品成果物、瑕疵担保責任、役割分担など)なことにより、後にトラブルが発生すること。発注元から無理な契約条件を強いられ、結果として納期遅延やコスト超過を起こしてしまうこと。	—	—	—
		現行業務フロー調査不足 現行業務フローの洗い出しが漏れていたり、誤っていることにより、システムの仕様漏れや仕様誤りが発生すること。	—	—	—
		技術調査不足 プロジェクトで導入する新技術や開発手法、システム環境に関しての調査が不十分であることが原因で、想定していなかった不具合や工数増が発生すること。	—	—	—

分類	第1レベル	第2レベル	失敗しない理由	失敗可能性	失敗リスクの回避策
プロジェクト	調査・検討不足 プロジェクト開始前・実行中に実施する、あらゆる検討不足	**システム影響調査不足** プロジェクトでの開発内容が、自システム既存機能や他システムとどのような関係があるかの調査が不十分であることが原因で、想定していなかった不具合や工数増が発生すること。 (例) 他システム連動データの確認不足、自システム変更要求への影響把握漏れ。	―	―	―
		業務検討精度不良 業務要件の漏れや曖昧さにより、その後の設計・製造フェーズでユーザー側への確認が多発したり、不具合が発生すること。	―	―	―
		移行検討不足 業務面およびシステム面での移行方法の検討が不十分であることが原因で、移行作業失敗や移行直後の業務の混乱が発生すること。	―	―	―
	プロジェクト運営不良 プロジェクト自体の問題やプロジェクト運営上管理すべき事項について不良があること	**構成員不良** 開発側のプロジェクト体制においてプロジェクトスコープ、変更要求に見合ったスキル・知識・権限保有メンバーがアサインされていないこと。	―	―	―
		コミュニケーション管理不良 伝達が相手に理解されない、間違った情報を相手に与えてしまうなど、円滑な意思疎通が図れていないこと。	―	―	―
		品質管理不良 作業結果の品質が適正かの判断ができない、または判断していないなど、品質の管理ができてないこと。	―	―	―
		コスト管理不良 承認された予算をオーバーするなど不必要なコストを発生させていること。	―	―	―
		進捗管理不良 進捗遅れや未稼働のメンバーが発生するなど、進捗が適切に管理されていないこと。	―	―	―
		リスク管理不良 想定していなかった問題が発生するなど、リスクの想定や対応が不完全なこと。	―	―	―
		課題管理不良 要員不足による納期遅れでプロジェクト運営に支障を発生させてしまうなど、課題の認識や解決がうまくいかないこと。	―	―	―

分類	第1レベル	第2レベル	失敗しない理由	失敗可能性	失敗リスクの回避策
プロジェクト	プロジェクト運営不良 プロジェクト自体の問題やプロジェクト運営上管理すべき事項について不良があること	変更管理不良 変更発生時の起案・承認・実施のプロセスが整備されていないこと。	―	―	―
		構成管理不良 新旧のファイルが混在するなど、成果物のバージョン管理や保存場所などが管理されていないこと。	―	―	―
組織	環境変化への対応不良 様々な環境の変化に対して、適切に対応できていないこと	運営の硬直化 プロジェクトの運営が形式的・前例的となり、意思決定が迅速・柔軟に行えていないこと。	―	―	―
		ソフトウエア・ハードウエアの環境変化 ソフトウエアのバージョンアップなど、システムを使用する環境が変化すること。 (例)端末のOSがWindows7に変わることにより今まで使用できていたファイルが使用できなくなる。	―	―	―
		システム使用方法の変化 初期開発、運用開始後、時間の経過とともにシステムの使用方法が変化すること。	―	―	―
		経済環境変化 経済的な環境が変化することにより、プロジェクトの進行に影響があること。 (例) ・会社の経営悪化に伴い、費用が削減されること。(自社／お客様) ・お客様側の経営破綻によるプロジェクト中断／中止。	―	―	―
		年齢(高齢化) 高齢化などの原因で、スキル・知識が正しく引き継がれないこと。	―	―	―
		法令変化 法令が見直されることで、プロジェクト推進上、方向転換が必要になること。もしくはプロジェクトが中止になること。	―	―	―
	価値観不良 プロジェクトにかかわる人(お客様、協力会社、ベンダー)との価値観が合わないこと	標準化不足 開発プロセスが標準化されておらず、個々人がばらばらの方法で開発を進めることにより、生産性の悪化や品質が安定しないこと。 (例)開発時の各工程のフォーマット、記載ルールなどが標準化されておらず、担当者ごとに記載方法が異なり、品質が安定しない。			

分類	第1レベル	第2レベル	失敗しない理由	失敗可能性	失敗リスクの回避策
組織	価値観不良 プロジェクトにかかわる人(お客様、協力会社、ベンダー)との価値観が合わないこと	**教育不足** 教育の重要性を軽視していること。 (例) ・作業手順の教育が不足しており、作業が順守されない。 ・教育が不足しているメンバーをアサインし、プロジェクト推進が思うように進まない。	—	—	—
		ノウハウ蓄積不足 ノウハウをためる文化がなく、同じ失敗を繰り返したり、自社に保有するスキルが低下すること。	—	—	—
		安全意識の不良 安全に対する関係者の意識が低いこと。	—	—	—
		文化・常識の違い お客様や協力会社との文化・意識の違いがあり、折り合いがつかないこと。 (例)要件定義はどちらの責任か。ユーザー部門の承認行為の意味の違い。	—	—	—
		組織文化の不良 組織内ルールを優先して社会ルールをなおざりすること。	—	—	—
		セキュリティー意識不足 関係者のセキュリティーに対する意識が低いこと。 (例)開発者が安易に本番環境システムにアクセスする。	—	—	—
		間違った顧客志向 ユーザー部門に言われたままに対応することが正しいと理解していることから、なし崩し的にスコープが広がり、コストや納期に影響を及ぼしてしまうこと。	—	—	—
		成果至上主義 最終成果でのみ人事評価をする文化などが影響し、無理な受注や悪いことを隠す、他メンバーを助けないなどの事象を引き起こすこと。 (例)営業担当者が営業成績を重視し、無理なプロジェクトを受注する。	—	—	—
		プロジェクト外の利権争い・駆け引き 上位層の利権争いにより、正しいとは言えないプロジェクト方針を打ち出されたために、プロジェクトに悪影響が及ぶこと。	—	—	—

分類	第1レベル	第2レベル	失敗しない理由	失敗可能性	失敗リスクの回避策
未知	**未知** プロジェクト開始前には誰も想定できないような事象	**未知の事象発生** 誰も知らない事象。	—	—	—
		異常事象の発生 有史以来なかったような自然災害・テロなどの想定外の事象。	—	—	—

5 DXに必要な知識の習得に向けて

　ここまで、失敗要因を考察してきたわけであるが、では、筆者が必要な知識としてお伝えした「違和感」と「想像力」をどう習得・醸成していけばよいか、具体的に実践している企業はどのような取り組みをしているか。筆者とともに実践している企業として、神戸製鋼所の例を紹介しよう。

　神戸製鋼所では子会社のコベルコビジネスパートナーズが神戸製鋼グループ内外での教育を司る機関となっている。神戸製鋼グループでは、大学卒の新人研修として数名のチームを構成した上で「モノづくり研修」を1カ月半ほど実施する。「モノづくり研修」は技術者としてのキャリアのスタートラインに立てるように、神戸製鋼グループの技術者としてのマインドセットや仕事の進め方など、技術者がなすべき仕事の基本を実際のモノづくり課題製作を通じて学ぶ。

＜「モノづくり研修」の特徴＞
(1) 要素技術の習得が第一の目的ではありません。
　学んだ要素技術を使いながら実践的な課題製作に取り組むことで、モノづくりの基本[*1]を体験的に学びます。

[＊1]・モノづくりには、設計、技術、技能、生産、製造の要素があること
　　　・顧客の要求（品質、コスト、納期）を満たすために、多くの制約の
　　　　中でイノベーションを行う必要があること
　　　・発注・製作に必要となる引合・購入仕様書など、仕様書の概要とそ
　　　　の大切さを知ること

(2)「具体的な課題と目標」に対し、グループで課題製作に取り組みます。

　途中、厳しいチェック＆レビューを受け、組織としての仕事の進め方[＊2]を体験的に学びます。

[＊2]・目標達成のためには、工程設計、役割分担、全体の進捗と納期管理
　　　　などで、PDCAを回すことが不可欠であること
　　　・組織の大目標達成のためには、自分の担当部分だけではなく、関連
　　　　する工程のこともよく知り、自分の専門外の所にも踏み込んでいか
　　　　ないと実現はおぼつかないこと
　　　・チームづくり（協働作業）とモノづくりが密接に関連していること
　　　・聴衆（ステークホルダー）に訴求するプレゼンテーションが大切で
　　　　あること

　そして、1カ月半の「モノづくり研修」を終えたあと、失敗から学び成長することを次のように伝えている。

＜新人研修で伝えておきたいこと（これからの成長のために）＞
(1) 人間は行動すれば、必ず失敗する。

●一所懸命取り組んでも、このやり方が正しいと思って行動して
　も、思い通りの結果が得られないことは当たり前にある。
　（何もしなければ失敗することはないが、成功も得られない）
●失敗を認める。失敗を恐れない。

(2) 失敗に学んで失敗を生かす。

- 失敗と上手に付き合う。小さな失敗から学び、より大きな失敗を防ぐ。
  - → 失敗学に基づく「振り返り（失敗原因の分析）プログラム」を追加

(3) 失敗を通じて成長する。

- 「愚者は自分の経験に、賢者は歴史に学ぶ」[＊3]

  [＊3] 初代ドイツ帝国宰相　オットー・フォン・ビスマルク

  歴史＝先人の知恵、他人・他部署の経験、他社・競合の知見、その分野の最新研究成果など

  愚者の視野は自身の限られた経験範囲にとどまる。

  自分の経験にすら学ばない人も多い。愚者は同じ失敗を繰り返す。

- キャリア開発の基本。足りないものを自覚して、自ら（組織で）補っていくこと。

　失敗に学んで失敗を生かす習慣をつけるため、筆者は「モノづくり研修」の初日に失敗学について説明する。その後で、この研修は「違和感を持つ」訓練であることを伝える。最終日には「ITプロジェクト版失敗原因マンダラ図」を使って「モノづくり研修」のチームごとにもっとうまくできるようにする方法を考えてもらっている。研修期間に記録していた自分のメモなどをチームメンバーへ公開しながら話し合う。研修中の課題をクリアできなかったチームはもちろんのこと、クリアしたチームについても、もっとできることはなかったか、問題点はなかったかについて考えてもらう。

　また、クリアできなかったチームについては、クリアできたチームにはあって、自分たちには足りなかったのが何かを2時間程度で見つけてもらう。それは運ではなく、原因がある。それを発見した

上で、ではどうすればよかったか、どうしていくとよくなるかを、さらに1時間で考え、全員の前で発表する。

　ここまでなら、通常の研修ではないか、研修が終わったらそれで終了するだけではないか、と考える読者もいるだろう。神戸製鋼グループのすごい所は、失敗学で学んだ点を踏まえて新人なりに発見した違和感を見える化したことや、原因・対策までどのように導き出したかについて、本社総務が画像を記録し評価している点である。

　それだけ、失敗学を通じ「違和感」を醸成して思考を巡らせることが、現場に配属されたあと、職場で発生するいろいろな問題点と向き合った際に、重要と考えているからである。

　神戸製鋼グループの新人研修は2022年度までに3年を終え、職場には「違和感を持つ」訓練を受けた社員が3年分いることになる。これはただ3年分の社員数がいるというだけでない。「違和感を持つ」ことから始まる行動に他の社員も影響を受けることとなるので、初めは小さな取り組みであるが、相乗効果を生み出すことに成功しているのではないだろうか。

　知識はインターネットなどで見ることができるが、人間は忘れてしまう動物である。しかし体感したことは忘れにくい性質がある。一時的に記憶することではなく、じっくり身体にしみこませていくことで、組織にしっかり根付かせる活動が行われることを願っている。

※下図は神戸製鋼グループの新人研修「モノづくり」研修後＜気づき＞として、アンケートをとったものだ。新入社員なりの原因を究明することの意味を持ち帰っていただけていることの参考に掲載しておく。

神戸製鋼所の新人研修「モノづくり」研修後＜気づき＞

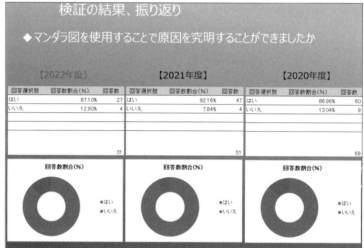

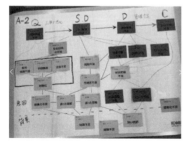
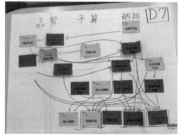

6　失敗しないDX組織にする方法

　最後に失敗しないDX組織にするための方法をお伝えしていきたい。

　まずは、現在読者の会社で取り組んでいるDXの状況について「違和感を持つ」ことができているか確認することから始めてほしい。違和感がない方は、社会人経験が10年以上で会社組織に慣れてしまったのかもしれない。

　神戸製鋼所の新人社員へ毎年聞いているのは、入社してから数カ月間、会社内で伝えられた指示で「は？」と思うことがなかったかだ。そうすると、入社間もない全ての社員は「違和感だらけ」と答えてくる。宇宙人と話をしているような感覚を持つことが多いのだという。そう、その感覚が大事なのである。それが入社してから数年たってしまうと、その違和感を全く持たなくなってしまう。

　いわゆる「鈍感力」が養われてしまっているのである。そうしているうちに、故意ではない不正であっても、気付きにくくなってしまう。

　神戸製鋼所を例にとると、新人であるうちに「違和感」を醸成するように努めているわけだ。実はこの本を書いている最中に、神戸製鋼所の教育機関であるコベルコビジネスパートナーズから「今年も新人研修をやりましょう」と伝えられた。この書籍を出版するときには4期目の「違和感」を醸成した社員が神戸製鋼所に配置されていることになるのである。

　こうなると、上司にとっては「違和感」への対処が大変なこともあるかもしれない。しかし、対処に大変な職場や組織が現在の会社では稀有なのではないか。この状態が当たり前になったときこそ、失敗しないDX組織になっているのだと考える。

一朝一夕には神戸製鋼所のようにはできない。ではどうしたらよいだろうか。失敗学会では「失敗学の8つの失敗の予防法則」を伝えているので、まずはここから、伝えていくことをお勧めしたい。

＜失敗学の8つの失敗の予防法則＞
①他山の石の法則
　　（人のふり見て我がふり直せの実践）
②慢心の法則
　　（反省に耳を貸し、失敗の予兆をつかむ）
③隠蔽（いんぺい）の法則
　　（正直にデータを公開して原因調査）
④大本気の法則
　　（失敗後の行動方針を社是として設定）
⑤希望的観測の法則
　　（行動するときは事前に仮想演習）
⑥慣性の法則
　　（企画変更すべきとき、不作為を決め込まない）
⑦油断の法則
　　（失敗後は対症療法ではなく、構造的な根本対策）
⑧失地挽回の法則
　　（転んでもタダでは起きない）

　上記をまずは、3カ月実践することで、失敗しないDX組織の足掛かりとして形成してもらいながら「違和感」を醸成してもらいたい。

～ あとがき ～

　最後まで本書をお読みいただき、誠にありがとうございました。

　さて、今さらですが、読者にお聞きしたいことがあります。本書をお読みいただく前から「失敗学」ってご存じでしたか。

　筆者は地方自治体や大学、企業などで失敗学の概論を講演させていただいているのですが、講演後に次のような質問を受けることがあります。例えば、「失敗学を学ぶと失敗しないための呪文や、魔法の杖を得られるのですか?」とか「失敗学会に入会している会員は失敗しないのですか?」といったものです。

　こういった質問には次のように答えています。

　「失敗学を学ぶことは失敗の真因に向き合おうとする勇気を与えてくれるもので、哲学と考えると理解しやすいです。また、失敗学会の会員すべてがどうなのかは分かりませんが、私は失敗ばかりしています。しかし、他の方と違うことがあるとすると、同じ失敗だけは起こさないように考えていることです。それを実践していることで同じ失敗を2度することは少ないです」

　しかし、同じ失敗をしないように「考えている」といっても、何を考えたらいいのかは意外と難しいものです。そこで筆者がたどり着いた方法の1つが「IT プロジェクト版失敗原因マンダラ図」です。筆者はシステム会社で長くシステム開発業務に携わってきました。システム業界には QCD という物差しがあり、計画時に設定した Q= 品質、C = 予算、D = 納期をクリアしているかで成否を判断しています。プロジェクトの責任者（プロジェクトマネージャー）はプロジェクト終結が近づくと色々な技を使って、QCD を達成しているかのように見せることがしばしばあります。筆者も QCD を

達成することだけに固執していた時期がありました。

　しかし、ある時期からQCDを達成しない原因は何なのか、探るようになったのです。失敗の真因を究明するためのツールは幾多あり、また、ISOにはリスクアセスメントの規格もありますが、本当に解決したい事象が出てきた際に使える「客観的ツール」が筆者には見つかりませんでした。では自分で作ってみようと、有志10名とともに「ITプロジェクト版失敗原因マンダラ図」の原型となるものを作成し、その後、数年をかけ今の形となりました。ただ、この「ITプロジェクト版失敗原因マンダラ図」は完全に完成したわけではなく、まだまだ改善の余地があり、精緻化を行うべきと考えております。

　現在は精緻化の一歩として、筆者自身が「情報セキュリティ大学院大学」に通い、様々な国や文化の違う方々と学びを得る機会を持ちながら、試案を作り始めています。

　本書をお読みになられた方で「ITプロジェクト版失敗原因マンダラ図」の精緻化を手伝いたいと思われた方はご連絡ください。また、○○の分野で使えないか、といった応用のアイデアも募っております、このツールは無償でお使いいただけるようにしておりますので、安心してお使いいただければ、と考えております。

　また、今回は筆者の書籍発売にむけ、日経BP様から多大なご支援を賜り実現したものであり、筆者として大変感謝しております。ご支援いただいた皆さまと苦楽を共に過ごさせていただけたこと、改めてお礼申し上げます。

　最後になりますが、本書をお読みになった方が、毎回同じ失敗から抜け出す一助になれば幸いに思う次第です。

失敗学会　理事

佐伯　徹

佐伯 徹

株式会社日本貿易保険
内部監査部門　情報システムアナリスト
特定非営利活動法人　失敗学会　理事
特定非営利活動法人　日本システム監査人協会　理事
情報セキュリティ大学院大学
情報セキュリティ研究科　博士前期課程　在学中

システム会社を経て株式会社日本貿易保険の内部監査部門
にて情報システムアナリストを務める。2014年12月、失
敗学を活用した「ITプロジェクト版失敗原因マンダラ図」を
関西IBMユーザー研究会に研究発表し、最優秀賞を受賞。
2015年4月、NHK総合テレビで「マンダラ図を使った失
敗究明」テーマで出演。2017年4月から東京大学で「失敗
学講座」の講師を務めながら地方自治体や企業へも講演中。
同年5月、失敗学会理事就任。また、2022年2月から日本
システム監査人協会理事。

本書で紹介している「ITプロジェクト版 失敗原因
マンダラ図」や「失敗原因予測シート」のデータ
を以下のリンクでダウンロードいただけます。
ぜひご活用ください。

https://bit.ly/3Il80HU

DX失敗学
なぜ成果を生まないのか

著　者　佐伯 徹
発行者　森重 和春
発　行　株式会社日経BP
発　売　株式会社日経BPマーケティング
　　　　〒105-8303
　　　　東京都港区虎ノ門4-3-12
編　集　松原 敦
装　幀　松川 直也（日経BPコンサルティング）
制　作　日経BPコンサルティング
印刷・製本　図書印刷

© Toru Saeki 2023 Printed in Japan
ISBN978-4-296-20260-7

本書の無断複写・複製（コピー等）は著作権法上の例外を除き、禁じられています。購入者以外の第三者
による電子データ化および電子書籍化は、私的使用を含め一切認められておりません。
本書籍に関するお問い合わせ、ご連絡は下記にて承ります。
https://nkbp.jp/booksQA